WHY思考法

［日］石角完尔 著
周悦 译

ユダヤ式
WHY思考法

中国原子能出版社
China Atomic Energy Press

图书在版编目（CIP）数据

WHY思考法 /（日）石角完尔著 ；周悦译. -- 北京 ：中国原子能出版社，2020.3

ISBN 978-7-5022-9813-5

Ⅰ. ①W… Ⅱ. ①石… ②周… Ⅲ. ①思维方法 Ⅳ. ① B80

中国版本图书馆CIP数据核字(2019)第104897号

北京市版权局著作权合同登记号：图字01-2019-7440号

WHY思考法

出版发行	中国原子能出版社（北京市海淀区阜成路43号 100048）
责任编辑	左浚茹
印　　刷	天津旭丰源印刷有限公司
经　　销	全国新华书店
开　　本	880 mm × 1230 mm　1/32
印　　张	7.5
字　　数	150千字
版　　次	2020年3月第1版　2020年3月第1次印刷
书　　号	ISBN 978-7-5022-9813-5　**定　价**　45.00元

网址：http://www.aep.com.cn　E-mail：atomep123@126.com

目 录

CONTENTS

前言

犹太人拥有卓越思考能力的奥秘

犹太人拥有卓越的思考能力。若将日本人与犹太人相比，前者的思维是感性的、表面的、具象的、细化的、局部的，后者的思维是理性的、本质的、抽象的、统筹的、整体的。

基于这样的特质，有人将日本人比作“图像的民族”，而将犹太人比作“书的民族”。换言之，日本人是“易受看得见的事物及情绪影响的民族”，犹太人是“偏向追究看不到的事物的本质的民族”。

因此，在有些日本人看来，犹太人有些“强词夺理”，不易接近。

但是，不必说国际金融界、证券界和好莱坞影视界，单说IT界，就有一半以上的世界知名企业的创始人是犹太人——谷歌的拉里·佩奇和谢尔盖·布林、脸书的马克·扎克伯格、戴尔的迈克尔·戴尔、微软的史蒂夫·鲍尔默、英特尔的安迪·葛洛夫……数不胜数。

同时，在诺贝尔奖获得者中，犹太人也占到了三成左右。

为什么犹太人的知识生产力如此超群

只要和犹太人吃一顿饭，就能对这个问题的答案窥知一二。

我是日本人，从事国际律师的工作，因故改信犹太教，现居住在欧洲。

作为一名犹太教徒，每天早上、中午、晚上都要进行祷告。因为要参加典籍学习会，我经常会去一所讲授典籍的犹太教堂，也因此多了很多和犹太人聚餐的机会。无论是在现在居住的瑞典，还是去往美国和欧洲各地，我都会去当地的教堂，和当地的教徒朋友一起吃饭。

犹太教有严格的膳食法令。教规规定，没有按照戒律处理的食物一概不能吃。因此犹太人很少在外面吃饭。即使和其他人同坐一桌吃饭，由于食物完全不同，用餐氛围也不是很愉快。自然而然地，信仰相同宗教的犹太人会聚在一起。

当犹太人聚集在一起时，经常就会突然争论起来。

犹太人很喜欢讨论和辩论，兴奋起来可能会让日本人误以为他们是在打架。在激烈的讨论和辩论之后仍能友好地一起用餐，这也常常让旁观者感到匪夷所思。

在犹太人看来，意见不一致是很正常的，意见相左则是最受欢迎的。

讨论是一门艺术。讨论和辩论能够锻炼大脑，使人更加聪明，且被犹太人认为是智慧的源泉。犹太教的本质用一个词概括说来就是——辩论。

人们也许会感到好奇，喜爱讨论的犹太人在吃饭的时候究竟会讨论什么。我不妨举个例子。例如，他们会认真地讨论下面这样的事情。

“造物主是万能的。如此说来，他应该能创造出连自己都搬不动的岩石；而造物主不能，所以他不是万能的。”

犹太人常用这种三段论讨论他们认为的事物存在的奇怪之处。

犹太人之间的讨论并不是漫无目的的，大多数讨论都围绕着犹太教的典籍进行。认真而虔诚的犹太人每周都会学习自己民族的典籍，书中何处写着什么基本都印在他们的脑海中了。因此，犹太人聚餐时常会出现以下的场景。

A 正在埋头吃饭，B 走到饭桌旁坐下说："我赞成某某典籍中的某个观点。"

A 抬起头问："为什么？"

如此，讨论便开始了。

讨论是以犹太民族典籍上记载的内容为前提进行的，没有相关知识的人很难跟上讨论的节奏。即便能跟上节奏，犹太人也会努力寻找对方的逻辑破绽，推翻对方的观点，使对方信服自己的观点——他们最喜欢这种思考游戏了。

相反，对于容易被美食吸引、讨厌讲道理、会因职业棒球和文艺表演而兴致高涨的日本人来说，这样相对枯燥的思考游戏确实令人提不起兴致。

相比之下，就不难找出犹太人的知识生产力如此卓越的原因了——犹太民族是一个"边讨论边思考的民族"。

更进一步说，犹太民族是一个习惯于思考"为什么"

的民族。

大脑在什么时候运转得最快？不是感动的时候，也不是生气的时候；不是发呆和看电视的时候，也不是听讲座、演讲和背诵的时候。

大脑在讨论问题的时候运转得最快。

因此，热衷于讨论的犹太人思考能力强也是必然的了。

在世界顶级学府牛津大学和剑桥大学，实行着著名的导师制教育。这是一种思考训练，由一位教授带领 1 ~ 2 名学生在教授办公室内针对特定主题进行一个半小时的讨论。随着讨论次数的增多，思考能力也会逐渐增强。

由此可见，思考能力是可以通过讨论的方式来培养和锻炼的。如果想提高思考能力，就像犹太人那样开始讨论吧。

但是，与牛津大学和剑桥大学不同，我们不一定能找得到一起讨论的对象。如果没有一起讨论的对象，是不是讨论训练就无法继续进行了呢？不是的。在本书中，我会展示一些即使一个人也能做的讨论训练实例。其中的部分例子就是犹太人平时讨论内容的再现。

我希望大家在本书中可以体验到犹太式的思考训练方法，并将这些方法有意识地运用到日常的思考行为中去。

面对问题时不要回避，也不要因为观点与他人对立而退缩，能逐渐学会“用自己的大脑”进行思考，从而得出只属于你的人生答案。

希望本书能够助你一臂之力。

石角完尔

Lesson 0

我们应该掌握的思考能力是什么

我们欠缺什么

有位物理学家叫作加来道雄，他提出了著名的超弦理论。

加来道雄是日裔美国人，出生和成长在加利福尼亚州，在当地的一所犹太教教会学校学习。他在高中的时候就被称作物理天才，声名远播。

据说，他从小就很喜欢读犹太典籍里记载的各种各样的故事。

那么，是什么让加来道雄成为一个天才物理学家的呢？

我们从他六岁时对教会学校老师的提问中或许可见一斑。

加来小朋友问："造物主有妈妈吗？"

老师说："我觉得造物主没有妈妈哦。"

加来小朋友问："那么造物主究竟是从哪里来的呢？"

（参见《平行世界——从11维宇宙到超空间》，加来道雄著，齐藤隆央译，日本放送出版公司出版）

能产生这样的提问是非常重要的，因为发问正是所有思考的开始。

犹太教最重要的教义就是发问。相比其他民族，犹太民族格外喜欢发问。他们对于世间万物都充满了本能的好奇。

加来小朋友的成长深受犹太教义的影响。据说，他曾在教会学校里因老师无意间说的话而深受震撼。

因为造物主非常爱护地球，所以才把它放到了离太阳刚刚好的位置上。

正是因为造物主在创造天地的时候，把地球放到了距离太阳刚刚好的位置上，地球上才诞生了生命。

如果地球离太阳再远一点，恐怕海水早就冻结了，地球可能就会变成火星那样的行星；如果地球离太阳再近一点，海水就会蒸发消失，地球可能就会变成金星那样的行星。所以，地球和太阳之间的距离过近或过远都不会产生生命。

听到这种说法，加来小朋友兴奋不已。

太阳和地球间这种绝妙的位置关系仅仅是出于偶然，还是有人为了寻求某种必然而“故意安排”的呢？假如是这样的话，又是谁把地球放到那个刚刚好的位置上的呢？

据说加来小朋友拼命地思考这些问题——这就是加来小朋友被宇宙物理学吸引，之后成为天才物理学家的幼儿时期的初体验。

而日本同一年龄段的孩子，正在习惯于把黑板上的板书原原本本地抄下来，把教科书上印的东西全部背诵下来——日本的孩子正在被灌输着这种“好学生学习法”。

如果老师说，“造物主创造了这个世界”，日本的学生就会点点头：“啊，原来是这样啊……”

他们什么时候能像加来小朋友那样，对老师的教导和书上的记载全都不放过：“嗯？那个是什么意思？”他们什么时候能够产生并敢于提出这样的疑问呢？

一切从“为什么”开始

“为什么”是一切思考的起点。

提到进化论，大家都知道人类是从猿进化而来的。但是，“为什么猿没有进化成其他物种呢，比如企鹅？”人们产生这样的疑问也不奇怪。如果基因一点点地变异，那么猿变成企鹅甚至蟑螂也不是没有可能的。

也有人认为，基因是慢慢地受损并退化的。如此说来，其他的动物就更有可能变成昆虫了。

但是,现实中并没有发生那样的事情。猿进化成了人类，没有变成企鹅或蟑螂。

试着想想，这真是非常不可思议的事情。

既然猿进化成人类不是偶然的，那其中必有缘由。假设这是必然的，那么其中又有怎样的必然呢？

如果我们的孩子从来没有生出过这样的疑问，恐怕将来也很难成为伟大的生物学家。

我认为如今日本的学校和家庭教育环境也存在问题。遗憾地说，目前我们还没营造出“能使孩子产生疑问的”教育环境。

例如，当孩子问“为什么猿没有进化成企鹅”这样的问题时，老师和家长们会如何回答呢？

“真是个提奇怪问题的孩子啊！”这种不正面回答问题，把孩子不当回事的情况难道不是很多吗？如果孩子固执地不肯罢休的话，老师就会给那个孩子贴上扰乱课堂秩序的标签吧。

不要一味地扼杀孩子好不容易萌发的好奇心。封锁了疑问，也就封锁了思考。

不管面对孩子多么单纯、不合常规的提问，老师和家长们都应该尝试认真倾听，并且和孩子一起思考：“这真是个有趣的问题啊！”

在培养孩子对任何事物都保持怀疑的思考能力方面，小时候的教育环境是非常重要的。

加来小朋友对老师的话产生疑惑并向老师提出质疑，这在犹太学校和家庭中是再正常不过的情景。

犹太母亲从孩子小的时候起就反复地把犹太典籍中的故事读给他们听，然后针对故事里的人物和动物的行为问孩子：“如果是你，该怎么办呢？”孩子做出回答后，母亲会继续问：“你为什么要那么想呢？”孩子就会为了说出自己独特的答案而拼命思考。

犹太家庭就这样通过家长和孩子之间的讨论，循序渐进地锻炼孩子的思考能力。

对所有的事情都持有怀疑态度，并提出问题——锻炼思考能力，首先应该从孩提时期开始。

如果说，孩提时期的教育环境是很重要的，那么，已经成为大人的读者想要提升自己就为时已晚了吗？

绝不是的。思考能力从什么时候开始锻炼都是可以的。

重要的是，无论如何都要让大脑开始活动。

无论多么小的疑问都可以。正是因为怀有疑问，思考才会起作用。

犹太人为了锻炼思考能力、增加人生智慧而学习了很多犹太典籍。接下来，我会结合典籍，来介绍即使现在开始学习也不晚的“犹太式思考方法”。

Lesson 1

把一切当作讨论的对象

训练 1　问题

吃饭的时候，孩子目不转睛地看着杯子里的水问道：“水为什么是透明的呢？”

你该作何回答呢？

你是否总在回避讨论

“天空为什么是蓝的？”“鸟为什么在天上飞？”“月亮为什么会发光？”“那个叔叔的头顶为什么秃秃的呢？”

小孩子总是好奇心爆棚，对眼前的一切事物都饶有兴趣，总爱问“为什么”。

一些在大人看来实在是理所当然甚至察觉不到问题存

在的事物，或者为了不令对方为难索性不问的事情，小孩子却会郑重其事地问“为什么”。仔细想想，我们被这些问题问得不禁一时语塞的情形恐怕不少吧？

回到刚才的问题，当被问道“水为什么是透明的”时，你会怎样回答呢？我试着举了三种可能的回答方式。

A. 提醒孩子吃饭时不能说话——“这个问题怎样回答都行啦……现在是吃饭时间，不要总说话，快点儿吃饭。”

B. 告诉孩子本来如此——“水当然是透明的了，它本来就是这样啊。”

C. 反问孩子，并跟孩子一起思考——“你觉得是为什么呢？”

选择 A 或 B 的人要注意了，你有很强的思考停止倾向。

你是否已经陷入思考停止状态

大多数事情即使不深入思考，也不会给我们的日常生活造成任何困扰。那些被看作常识、“理所当然”的事情，或是被社会视作惯例的事情，即便不追根究底，还是会一如往常、相安无事地向前发展。

恰恰是那些凡事都要停下来考虑“为什么”的人打破了“和谐”，有时还会成为摩擦和冲突的导火索。

如果有这样的人存在，他们会被周围的人指责“那是个多么烦人的家伙啊”“都是大人了，也该学会察言观色了吧”，从而被渐渐疏远。

“水为什么是透明的”不就是这类问题吗？

“水本来就是透明的”，这样就结束了。这是大多数大人的回答吧。

可当被追问道“水为什么是透明的”时，能够准确答出其中缘由的人又有多少呢？

想必很多人从没深入思考过水透明的原因，能准确回答的人很少吧……正因为回答不出来，就话锋一转，“不要问这些无聊的问题了，集中精力吃饭”，就这样把话题转到就餐礼仪的问题上去了。

也有人会不假思索地直接说：“水就是那样的！”咣当一声关上了进一步讨论的大门。

小心！这正是思考停止的状态。

思考停止引发的悲剧

思考停止，有时甚至会让事态无法挽回。

2003 年发生的哥伦比亚号航天飞机空中解体事故，就被认为是思考停止带来的悲剧。哥伦比亚号在返回地球大气层的时候，机体爆炸，导致 7 名宇航员牺牲。

为什么会发生这样的事故呢？

《革新不断产生的秘密——苹果、谷歌、微软为什么希望得到以色列的企业》（丹·塞诺、索尔·辛格著，宫本喜一译，钻石出版社出版）一书介绍了美国国家航空航天局（NASA）对事故的调查结果。这本书比较客观地分析了以色列企业之所以如此强大的原因，是美国的畅销书。

根据书中的记载，航天飞机起飞时，从机体上剥落的泡沫隔热材料的碎片直接击中了飞机的左翼，在左翼上形成了裂孔。在飞机返回大气层时，裂孔引发了机体爆炸。

看到这里，不禁让人产生疑问：从泡沫材料撞裂飞机左翼到飞机再次返回地球大气层，其间足足经过了两周时间。在这两周内，飞行团队就没有为了避免事故而采取任何措施吗？

事实上，根据美国航空航天局的调查报告，当时在航天局内部，的确有一个工程师预测到了该裂孔所埋下的巨大安全隐患，认为其具有引发重大事故的危险性。工程师向上级部门提出申请，要求抓紧时间确认和修复航天飞机的损伤。但是，工程师的诉求却被上级部门拒绝了。理由是过去也曾发生过发射时由于泡沫材料剥落造成机体损伤的情况，但是并没有酿成事故。

从既往经验来考虑，这次的剥落损伤应该也不会造成什么大事故，所以只要通过定期进行机体调整来应对就可以了。因此，上级部门得出了结论：没有必要进行进一步讨论了。

工程师的危机感没有在团队内部共享和讨论，结果就导致了最坏事态的发生。

逃离思考停止的方法

与哥伦比亚号事故形成鲜明对比的是阿波罗 13 号的成功返回。

1970 年，阿波罗 13 号发射两天后，服务舱中的氧气罐发生爆炸，严重损毁了航天器。三位宇航员面临电力损耗和氧气缺失的巨大危险，根本无法确认自己能否平安返回地球。美国国家航空航天局的地上组织临危应变，成功地让宇航员们安然无恙地回到了地球。

这两件事的区别在哪里呢？

《革新不断产生的秘密——苹果、谷歌、微软为什么希望得到以色列的企业》一书阐述了以下观点。

首先，在于团队内部是否能够自由地交换意见。

阿波罗首席主管吉恩·克兰兹为了使团队成员最大限度地理解、接纳各种想法，在美国国家航空航天局内部，甚至在外部的承包企业，进行了很多实践训练。

其次，在于这种无一例外的、对任何事情都进行讨论的习惯，在于无关立场、能自由地说出意见并认真倾听彼此意见的环境。

不论多么小的事情——即便是已知的事情——在时刻变化的情况中，都能通过讨论形成新的智慧。氧气罐爆炸后，人们都以为阿波罗13号已经陷入穷途末路。不曾想能够在关键时刻拯救它的，正是这种不论在任何情况下，即便是禁忌也要去讨论的态度。

思考停止导致的组织内部的僵化和停滞，相信大家在平时都深有体会。逃离思考停止状态的重要方法是，把你身边所有的事情都变成讨论的对象。

这也是学习犹太人的思考方法的第一步。

我希望大家首先从讨论身边的事情开始。比如：

“买学区房真的有必要吗？”

“捕鲸应该被允许吗？”

在公共场合讨论这些问题时，少数人的意见容易被压制，所以建议你先试着在朋友和家人之间进行讨论。

在熟悉的朋友和家人之间，少数人的意见也能得到充分的表达，从而引起对方的回应，形成更加激烈的讨论氛围。讨论越激烈，思考也会越充分。

训练2　练习——手、脚、眼和嘴，谁最伟大

有个国王病入膏肓，所有的大夫都医治不好，国王的身体每况愈下。

一天，一位祈祷师途经这个国家，给国王诊断了病情。

“要治好这种病，只有让国王喝下世界上最难得到的母狮子的奶。”

于是，国王发布了告示：能够取回母狮子奶的人，可以得到任何赏赐。

众所周知，护子心切的母狮子会咬死接近它的人。

虽然赏赐很诱人，但是百姓们大都很害怕，不敢去取母狮子的奶。

有个来自村庄的年轻人接受了挑战。他带着十只羊来到了狮穴旁，看到一头正在给小狮子喂奶的母狮子。

为了消除母狮子的戒备之心，年轻人喂给母狮子一只羊，向它靠近了一步。第二天，他又扔过去一只羊，又向母狮子靠近一步……这样接连几天，年轻人离母狮子越来越近。

到了第十天，他靠近了母狮子，他可以抚摸它，和它的孩子们一起玩耍。最后，他终于成功取到了温热而新鲜的母狮子奶。

可是在回去的路上，他的眼、脚、手和嘴却吵了起来。

眼说："是我正确测量出了和母狮子之间的距离，才能一步一步接近它。我应该得到最多的赏赐。"

脚说："正是因为有我，在母狮子袭击的时候才能安全逃走，所以我才是最重要的角色；而且一步一步靠近它的也是我，我才应该得到最多的赏赐。"

手说："挤母狮子奶的是我！我才是最重要的角色！"

听了它们三个的争论，什么都没做的“嘴”开始说话了：“眼、脚和手说的都不对，我才应该得到最多的赏赐。”

眼、脚和手当然极力反对：“你说什么呢？你不是什么都没做吗？赏赐跟你一点儿关系都没有！”

问题：

嘴通过什么方式才能让眼、脚和手同意由它拿最多的赏赐呢？

对任何事情都议论的犹太人

人有两只脚、两只手、两只眼睛、两只耳朵和两个鼻孔，但是只有一张嘴。对此，你有没有产生过“为什么”的疑问呢？

有些事，即便自古如此，见怪不怪，思考它也不会给生活带来任何影响，犹太人仍然会讨论“为什么”。

犹太人认为，人只有一张嘴，是因为嘴和手、脚等相比格外重要。犹太有句格言：“舌尖上有幸福。”意思是说，经常聊天、经常发言、经常发表主张能更接近幸福，沉默寡言会使幸福溜走。

如果见到两个人在争论，犹太人就会稍加思索后很冷静地插入。由此,三个人的争论就开始了。犹太人就是这样，喜爱并身体力行地与人争论。

讨论是犹太人的特质

“以色列”的本意是“与神角力者”。传说，犹太人的祖先与神角力并取胜，神将其改名为以色列。读犹太教的典籍时我们会发现，犹太人经常会顶撞摩西，摩西也经常与上帝进行争论。

但上帝对于时常顶撞自己的摩西和犹太人却格外疼爱，屡次创造奇迹来拯救他们。

在摩西的领导下逃离埃及的60万犹太人被埃及的军队步步紧逼，陷入了前有大海、后有追兵的穷途末路之境。

面对这种情况，如果是日本人，可能会说：“让我们团结一致，和埃及军队进行肉搏战，高尚地赴死吧！”

但是犹太人并没有这样做。他们面对困境，坦白地说出此刻心中的不满：“我们被摩西骗了。早知如此，不如留在埃及当奴隶。像这样无声无息地死去，连个坟墓都没有，这算怎么一回事。”

虽然这样说也不会改变困境，但他们还是要表达出心中真实的想法。这就是犹太人。

这个故事的结局是，上帝听到了犹太人的心声，再次为他们创造了奇迹——大海被分成了两部分，犹太人得以成功逃脱。因此，犹太人记住了这句话："表达创造奇迹。"

讨论和反驳的重要性

不屈从于权威，这是犹太人的特性。

即便是面对上帝，犹太人尚且敢于表达心中的不满，更遑论在公司内部面对上司和领导了。只要有意见，犹太人就绝不会隐而不发。

与集合 10 000 个日本人相比，集合 100 个美国人更难；与统率 100 个美国人相比，指挥 5 个犹太人更是难上加难。经营组织论的根据就在于此。

取母狮子奶的故事能够流传下来，就是为了强调嘴（表达）的重要性。如果是你，你会运用什么论点来使脚、手和眼承认嘴是最重要的呢？

让我们继续看这个故事吧。

年轻人终于把奶送到了国王那里。这时，嘴却突然叫了起来："国王，我带回了狗奶。想必狗奶能使您立刻痊愈。"

听了年轻人的话，国王十分恼怒。

“我要的是母狮子的奶！你带来狗奶是怎么回事！……给我拉出去，立刻处决！”

年轻人身上的器官们都开始颤抖，眼、脚和手更是吓得够呛。

它们向嘴恳求道：“喂，求你了，快说出事情的真相。”

“那就这样吧。不过，你们要承认，嘴才是最重要的，而且，赏赐要全部归我，可以吗？”

眼、脚和手只好不情愿地点头答应了。

这个故事的核心论据就是：嘴掌握着其他器官的命运。眼、脚和手能否继续存在下去，都要仰赖着嘴，所以嘴是最重要的就是这个道理。

当然，你也可以说：“不，我认为眼睛才是最重要的。”“不，我觉得是鼻子。”有这样的意见也是可以的。为了激发大家讨论，避免陷入思考停止的状态，我们需要各种各样的意见。

如果你认为眼睛是最重要的，那就请你充分阐述这样主张的依据，以使对方信服。通过这样的立论练习，思考能力会不断得到锻炼。

从问“为什么”开始

对任何事物都保持怀疑，多问“为什么”，这是犹太人的思考习惯。

对平素未曾有过任何怀疑就选择相信的事物也要提高怀疑意识，试着考虑“为什么”，从而不断锻炼思考能力。

比如，在犹太家庭中，母亲经常会对三岁左右的孩子提出这样的问题：“风没有形状、颜色和气味，我们看不见它，但是，我们却能感受到风的存在。这是为什么？”

如果被问者是你，你会怎样回答呢？

当然，这个问题没有标准答案，母亲也不期盼孩子能运用化学、物理学的知识来进行讨论。但是在“提出问题—回答问题”的过程中，孩子们能用不同的思维方式来思考“风无影无形却能被感受到的原因”。这正是一种培养讨论能力的锻炼，也是犹太母亲问孩子这个问题的意义所在。

犹太家庭极其重视孩子产生怀疑并提出问题的能力。

举个例子，爱因斯坦五岁的时候，父亲给他买回来一套磁铁。小爱因斯坦对磁铁产生了浓厚的兴趣，不断地提出各种各样的问题，父亲还让小爱因斯坦和自己一起做了实验。据说，幼时的这一经历成为爱因斯坦学习物理学的契机。

美国物理学家理查德·费曼开拓了量子电动力学的新领域，获得了诺贝尔物理学奖。

他在自传里回忆到，在他很小的时候，就被父亲带去参观博物馆。在博物馆里，小费曼与父亲之间的讨论引发了他对科学的兴趣，在他的心里种下了一颗“成为一名科学家”的种子。回想起来，父亲作为一名商人，他的解释说明可能存在一些错误，但在激发小费曼对于科学的兴趣方面却是足够了。

爱因斯坦、费曼和许多犹太裔的知识巨人，都是在这样的环境中成长起来的。

不仅仅是犹太人，世界上任何一个民族，父母都希望激发孩子对知识的好奇心，并愿意为此尝试各种各样的办法。而在这中间，犹太人的父母是格外热情的。他们激发孩子好奇心的办法就是积极地鼓励孩子提出问题。

那些在学术上取得杰出成就的人，或是像谷歌的创始人拉里·佩奇、谢尔盖·布林，脸书的创始人马克·扎克伯格，英特尔的安迪·葛洛夫和微软的史蒂夫·鲍尔默，这些实现了划时代的创意并在商业上取得巨大成功的人，他们之所以能够创造出如此卓越的成就，我认为，跟他们热衷于讨论、对任何事物都保持怀疑并敢于提出问题的态度密切相关。

丢掉思考的“例外”和“禁忌”

对于产生疑问这件事，不应该有例外和禁忌。

在路边，一个小孩子指着一个二十多岁的年轻人问妈妈：“妈妈，那个人的头为什么是光秃秃的呢？”

如果是日本母亲，大都会立即制止孩子的发言：“别说了，那样是很没礼貌的。”然后带着孩子快步走开。

日本人觉得，指出对方的身体特征是很失礼的，被议论的人可能会感到自己受了侮辱。这是日本人的思考方式。

但犹太人不一样。

如果是犹太母亲，可能会反问孩子：“你知道是为什么吗？”从而让孩子学会自己去思考。

不论是对方的身体特征还是其他，在犹太人的眼中，没有什么比提出“为什么”这件事更加重要了。

正如犹太谚语所言：“容易害羞的孩子不能做学术。”犹太民族并不鼓励沉默寡言。在犹太民族，越是善于提出“为什么”的孩子越会受到父母的表扬。因为“为什么”这样的问题一旦提出，就开始和促使大脑高速运转的讨论相关联了。

的确，当你不再提出“为什么”的时候，思考也就停止了。

很多人崇尚“以和为贵”，并把制造一团和气当作美德。他们不喜欢提出问题，进行讨论，认为这样会打破和谐。当孩子向他们提出问题的时候，他们会以“顾及对方心情”为缘由，打断孩子的问话：“快别说那些没有礼貌的话了！”

他们没有想过，这样带有批评意味地制止孩子以后，进一步的讨论就不会再产生了。

而我们必须认识到，那正是导致思考停止的元凶。

训练3　练习——摩西的反驳

在犹太典籍上记载了“出埃及记”的时代。那时，犹太人作为埃及人的奴隶，每日被罚以高强度的劳动。

一天，先知摩西从埃及逃了出来。神降临在摩西面前，说道：“你去埃及把所有的犹太人都救出来。”

听到此话，摩西说：“那是不可能的。”并对神进行了反驳。

问题：

摩西反驳的依据是什么？

不惧怕反驳的犹太人

在犹太典籍中记载了摩西和神争论的场景。

神给了摩西启示，说："你把犹太人从埃及带出来，朝着迦南方向走吧。"但是面对神的谕旨，摩西却做出了反驳。

如果换作我们的话会怎么做呢？

我们或许会想："违背神的意愿，是非常可怕的事。"然后，我们会毫不置疑地遵从神的指示，去做神让我们做的事。难道不是这样吗？

摩西是怎样反驳的，我们来看一下故事的后续。

摩西说："那是不可能的。我这样一个无名之辈，即使站在犹太人面前，对他们说'我是来救你们的'，他们也不会相信。"

神说："有我呢，放心吧，是我把你派到埃及的。"

摩西说："神啊，你这样让我很为难呀。我到了埃及，在所有犹太人面前说'是你们的神派我来的，我是作为神的使者来救你们出去的'，犹太人听了会怎么想呢？他们肯定会问：'你说神？那个神叫什么名字？'那我该回答什么好呢？"

神说："我就是我啊。"

摩西说："那样的回答犹太人是不会接受的。他们会问我，'你见过神吗？'到时我该如何回答呢？"

神说："不要担心，我会让你看到奇迹的。"

摩西说："我不善言辞，也不会做精彩的演讲，恐怕不能说服犹太人啊。"

神说："是谁给了人类说话的本领？是我给了人类嘴，给了人类语言。放心吧，我跟着你呢。"

这样的讨论在神和摩西之间竟持续了七日。

在犹太典籍中，人与神进行谈判、争论甚至反驳的故事数不胜数。

"你说你是神，谁也不会相信。"在我们看来，摩西的言辞对于神来说是没有礼貌的、不逊的言辞。

但是，这恰恰是犹太人的思考特征——怀疑并讨论。即便对方是神，也要向他投去怀疑的目光，甚至敢于和神本身讨论神的存在。

换作日本人，这样做的话可能会受到谴责："连神都不相信的人是多么没有信仰啊！"

在日本，诵经被认为是有较强信仰的表现。"诵经的话人生就会变得幸福。”人们一直被灌输这样的思想，没有任何怀疑地持续诵经，以表达对神明的虔诚和尊崇。

但如果是犹太人，他们就会对这种说法产生怀疑。当他们看到佛像抬起右手，把左手放到腿上的姿势，可能又会产生疑问：“这是为什么呢？”然后针对“佛像为什么抬起右手而不是左手”这一问题展开又一轮讨论。

2014 年，好莱坞动画电影《冰雪奇缘》在全球热播。受该片的影响，“按照本来的样子”这句话十分流行。但是对犹太人来说，无论是上帝，还是神、佛，对于他们的存在都不会“按照本来的样子”不假思索地盲目相信。

“对神的存在抱有疑问的犹太人”和“完全不抱有疑问的犹太人”哪一个是更好的犹太人，这个问题经常被讨论。

但犹太人并不是为了“怀疑”而怀疑。在他们看来，怀疑神的存在并非对神不敬，恰恰相反，这样做是为了更加深刻地理解神，靠近神的存在。

向权威投去怀疑的目光

“摩西的反驳”这个故事告诉我们：即使权威如神，他的指示也不能盲目相信和接受。

自你盲目地接受了权威的意见起，你自己的思考就停止了。如果思考停止了，不仅不能觉察和发现新的信息，还会忽略认识和解释其中的错误。如果忽视了致命的错误，有时甚至会酿成哥伦比亚号航天飞机那样的惨剧。

所以，不管什么事，“真的是这样吗？”试着怀疑一下是很重要的。常识也好，惯例也罢，我们应该学会向这些被人们毫不犹豫就接受和赞同的事物投去怀疑的目光。

比如,媒体上常说的一句话:“奥林匹克是运动的盛会。”真的是这样吗?

犹太人是不会原原本本地接受“奥林匹克是运动的盛会”这一观点的。他们会说：“那原本不是在罗马的斗兽场让奴隶和狮子决斗的杂耍吗？参加那个，神会高兴吗？”在犹太人学习和聚会的地方，经常会听到这样激烈的讨论。

不仅对于媒体上的报道，犹太人不会不假思索地轻易接受，即便对于某个领域的专家所说的话，他们也会保持怀疑。

“因为某某大学的某某教授说了”“因为医生说了”“因为官方这样公布了”——所以不会有错的。犹太人绝不会像这样考虑问题。

我们在面对“权威人士”时，总是有点儿懦弱，总会不自觉地认为，权威人士的发言是更加可信的。但犹太人不会这样。无论是谁说的话，无论那个人的头衔是什么，“真的是那样吗？”犹太人总会发出这样的疑问。

教科书也在被怀疑之列。犹太人并不会“因为教科书上那样写了”就毫不犹豫地完全相信。“真的是那样吗？那就是史实吗？”像这样试着怀疑一下是必要的。如果说那是史实，有什么根据吗？产生怀疑的时候就要彻底地调查一下，以消除或证实自己的疑虑。

对于媒体的报道和被大多数人视为习以为常的事情，尤其要提醒自己，尝试用批判的眼光来看待，然后想办法调查和检验。

例如，某媒体报道，电费飞涨是因为原子能发电厂停止了运转。这是真的吗？如果由原子能发电，电费就能控制在低水平的话，那么没有原子能发电的国家，电费应该比日本高吧？实际上是这样吗？怀着这样的疑问去思考和调查，真相就会显现出来。

训练4　练习——黛博拉的战斗

在一个小村庄里，有个名叫黛博拉的美丽姑娘。她在优渥的家境中长大，到了要嫁人的年纪，就和父母为她选中的年轻人结婚了。但是在举办结婚典礼的那天夜里，新郎突然死了。

过了几年，黛博拉又和父母为她挑选的优秀的年轻人结婚了。但是，在婚礼当晚，新郎又突然死了。第三次婚姻也是如此。黛博拉放弃了再次结婚的念头。

又过了几年，一个亲戚的儿子从很远的村子来到黛博拉家。他聪明能干，深得黛博拉父母的喜爱。那个男子很喜欢黛博拉，他向黛博拉的父母提亲："我想让黛博拉做我的妻子，请你们成全。"黛博拉的父母不想见到他也无辜死去，便把之前三个新郎的悲剧告诉了他，企图阻止他。

男子听了，并不畏惧。他说："我对神很忠诚，神会喜欢我的，不会在我身上发生那样的事情的。"

黛博拉的父母见他如此坚决，便同意了他和黛博拉的婚事。

婚礼当天，神又想像以往一样，在天堂召见黛博拉的丈夫，于是就派了天使去人间。天使现身在新郎面前，说："我想让你跟我一起到天堂去。"并催促他赶快启程。这时，在一旁等候了很久的黛博拉出现了。

问题：

黛博拉见到天使后，采取了什么行动呢？

勇于跟权威讨论

在这个故事里，神是以一个拥有生杀予夺的绝对权力的形象出现的。他掌握着渺小的人类的命运。而故事中的黛博拉明明没有做任何坏事，却一次又一次地被夺走幸福。现在，又面临失去第四个新郎的不幸命运。

对于黛博拉来说，这显然是不公平的。她会怎么做呢？“因为这是神的决定，所以没有办法改变。”她会接受这样的说法，放弃自己的幸福吗？

黛博拉决定，这次一定要抓住属于自己的幸福。她做好准备，静静等候在一旁。天使出现之后，黛博拉突然站出来，加入了天使和新郎的对话。

“您就是屡次夺走我的新郎的天使吧？请您回去转告神，”黛博拉高声说，“犹太教最重要的典籍上写着，如果新郎结婚了，就应该和他的新娘在一起。因此，神不能把我的新郎带到天堂！”

天使惊诧道："什么？你不服从神的指示，想和神挑起争论吗？"

黛博拉说："是的。典籍上写着'男子如果结了婚，与工作相比，家庭要优先，丈夫必须跟妻子在一起'。因此，在新婚之夜把我的丈夫强行带往天堂是违背这一教义的。典籍上的教义不是神制定的吗？难道神要违背和践踏自己制定的教义吗？要是这样的话，我就把神当作被告，告到宗教裁判所！"

黛博拉一口气说完，对着天使怒目而视。

吃惊的天使急忙返回天堂，和神商量。

"黛博拉说要把您告到宗教裁判所，现在该怎么办呢？"

神说："嗯，这就难办了。那你就别去黛博拉那里了。"

就这样，在勇敢的黛博拉的坚持下，神放弃了夺走黛博拉丈夫的旨意。黛博拉把她深爱的丈夫从天使手里夺了回来，从此以后，他们幸福地生活在一起了。

黛博拉勇敢地向神发起争论，从而扭转了局面，改变了自己的命运。

不管面对怎样的权威，都要敢于跟他们讨论，努力争取自己的权益——这就是犹太人所受的教育。

努力做提案型人才

在日本，当人们要对头衔和地位比自己高的人提意见时，总会显得十分犹豫。

在这个工薪族社会，能够出人头地的基本上都是老老实实地遵从上司和公司的指示、高效地完成业务指标的人。

“这样做会不会更好些？”像这样对上级提出意见的人，常被视作组织内部和谐的破坏者而被疏远，无法受到公司的重用。这是日本公司的实情。

习惯于顺从上级的人在日本公司可能会受到重用，但在其他公司并不一定行得通。

我曾在硅谷的一家 IT 企业担任顾问。这家公司的负责人说过，在他的公司，乌克兰的技术人员和日本的技术人员，两者是被区分使用的。

乌克兰的技术人员对国际最新技术非常感兴趣，经常学习并提出新的方案。“这样做更好”“那样做更好”，他们常对上级这样说。日本的技术人员工作能力很强，他们对上司很忠诚，也能如期认真完成工作。但是，日本技术人员的提案能力几乎为零。

前者多是提案型人才，后者更倾向于作业型人才，公司的负责人这样说。

每每听到这样的话，我都会有一种深深的危机感，难道日本人就只擅长于做执行者而非引领者和创造者吗？

在过去，也曾有过代加工工作十分挣钱的时代。日本依靠质优价廉的产品和服务，席卷了全球市场。

但是现在，很多国家都拥有与日本别无二致的技术能力，甚至价格更具竞争力，日本正遭受着严重的威胁。只甘于代加工工作的日本的前途是灰暗的。为了不沦为代加工国家，更应该多思考，多提问，提高创新能力。

不要轻易放弃追问

大量技术型人才的产生，跟目前学校的教育方式紧密相关。在日本，很多课程的教学方法仅仅是把老师写在黑板上的板书抄写在笔记本上。但是，“只是把板书抄下来”和“什么都不思考”又有什么区别呢？

对于日本学生来说，老师就是权威的象征。老师说的就是正确的、不能违逆的，这样被教育长大的人不是很多吗？这样填鸭式的教育多年持续下来的结果，就是产生了很多不会用自己的大脑来思考的“优秀的”作业型人才和代加工人才。

想要培养出能够创造未来的人，就要学习犹太人那种“无论对方是谁，都要无所畏惧地发起讨论”的精神。

如果一堂课程的时长是 50 分钟，希望你能有“用 40 分钟向老师发问”的劲头。如果因为你的提问导致课程中断，周围可能会产生抱怨，老师或许也会一脸不悦：“你的提问占用太多时间了。”即使老师提出这样的忠告，也不要轻易放弃。你可以在课下找到老师，继续请教：“这一点无论如何我都有疑问。我自己是这样想的，想听听老师的想法。”

正是通过讨论，对学习对象的理解才能更加深刻，真相才会不断显现出来。

讨论开拓未来

除了学校，在商务场合也会发生同样的事情。

日本人在大企业的领导人面前好像总有些懦弱。有时仅仅因为自己的公司规模小就放弃了讨论和谈判。有时会完全顺从权威人士和头衔比自己高的人的意见，甚至会主动放弃思考。

举个例子，你是否也有过这样的经验，在商务合作中，被大企业客户的负责人单方面地告知“这是公司的方针”“这是规定”“一直都是按照这样的习惯进行的”。听到这样的话，即便对方给出的条件对自己公司不利，也不会去争论，只好悻悻作罢。

换作犹太人，他们是绝不会这样善罢甘休的。他们会立即向对方提出疑问，一边发起讨论，一边摸索谈判的头绪。

“请问贵公司的方针是什么样的呢？谁制定了那个方针呢？请让我和那个人直接对话。”

“请问您所谓的习惯是什么时候、由谁开始的呢？谁同意了那个习惯呢？”

对于大客户来说，或许他们从来没有被这样明确地反问过。他们单方面告知的那些话也并不一定是绝对无法更改的，只是依照惯例而使用的让局面对自己公司更有利的说辞。

对此，集中精力地思考，毫无畏惧地提出疑问，应该能够找到破解这套说辞的方法。

只有这样不放弃一丝一毫争取权益的可能，才能在困难的状况下找到突破口，取得谈判成功。

如果你是一位公司职员，你也不妨试着向自己公司的经理这样问一下：“为什么您能成为这家公司的经理呢？您认为，您成为经理的主要原因是什么呢？”

把一切当作讨论的对象，说的就是这样的情况。

据说，犹太人经常向自己的上司问同样的问题。因此人们常说："与管理 100 个美国人相比，管理 5 个犹太人更难。"

只要你心中存有疑问，不管对方是老师、上级，还是大企业的领导人，都要勇于向对方提问并发起讨论。

请用心谨记：讨论是解决问题和改革创新的必要手段，不假思索地听从上级或公司的指示，是难以在全球化竞争中取得胜利的。

Lesson 2

找出论点——开始对事物进行深入思考

训练5　问题

你正在和朋友吃饭，这时候，不知道从哪里飞来一只苍蝇。你们由苍蝇想起了某件事情，并展开了讨论。请问，你们会展开怎样的“苍蝇之谈”？

请列举由苍蝇想到的三个话题（注：什么话题都可以。）

不知道该思考什么

我有一个朋友在美国一所大学的研究院任教。我从他那里听到了下面这个故事。

每年，日本的医生都会到那所大学的研究院进行为期一年的学习访问。他们会在教授的指导下整理研究论文。日本的医生经常会问教授："请问，我该把什么当作研究的主题呢？""那个请你自己思考。"教授客气地驳回了。不久，教授又会收到这样的恳求："我还没有任何头绪，希望您能给我一个研究主题。"

对于我来说，这是个听了以后完全笑不出来的故事。这些日本医生在国内通过了严苛的国家考试，被视为行业内的精英和翘楚，而一旦失去了指令，竟不知道自己研究的主题到底是什么。

在第一课中我们介绍过，掌握犹太式思考方法的第一步就是"把一切当作讨论的对象"。

之所以把这个定为第一步，就是因为在这个世界上，根本不知道该思考什么、不知道讨论什么好的人其实是很多的。

没有明确的论点就不会讨论，也不会自己找出论点，这难道不是很多人都存在的问题吗？

让大脑运转的讨论

那么，回到刚才的问题。在吃饭的时候看到飞来的苍蝇，你会谈论些什么呢？

“我对苍蝇可没有兴趣，我不觉得讨论苍蝇有任何意义。在吃饭的时候谈论苍蝇算是怎么回事啊！”像这样一听到“苍蝇”就眉头紧锁的人，我劝你还是改变一下为好。

既然选择阅读本书，说明你对提高思考能力的大脑体操还是感兴趣的。而提高思考能力的一个重要前提是，对任何事情都要怀有疑问并进行讨论，只有这样才能逐渐提高思考能力。请将此谨记于心并继续阅读下去。

我在一本杂志的专栏中读到这样一个故事。一个犹太人在吃饭时看到桌子上有一只苍蝇，他摆了摆手驱赶苍蝇。这时，飞起来的苍蝇吸引了他的注意，他提出了这样一个问题：“如果把苍蝇起飞时的速度换算成飞机的速度的话，会是多少呢？”他把注意力放在了苍蝇的飞行能力上。在吃饭的过程中，他一直在与同桌的日本科学家讨论苍蝇的飞行能力问题。这个问题却令同桌的科学家一筹莫展。

在吃饭的时候也持续不断地进行讨论，这是犹太人的餐桌上再寻常不过的风景了。

但他们讨论的主题却跟我们不一样。他们不会像我们这样，热烈地谈论前一天职业棒球比赛的结果，演艺界的八卦趣事，哪里的饭店好吃……他们觉得谈论这些才是很无聊的事。

犹太人的确喜欢讨论，但是他们只喜欢那些能让大脑运转的讨论，而不是随意八卦。

“苍蝇之谈”引发的进一步思考

回到苍蝇的话题。

据说，苍蝇从静止状态下突然飞起，只需零点几秒就可以达到最高速度。

将那个速度与飞机的速度进行换算，结果相当于螺旋桨飞机的速度（700 千米 / 小时）。但是，苍蝇却不需要像螺旋桨飞机那样要经过飞行跑道助跑，苍蝇飞起来零点几秒后就能达到 700 千米的时速了。

而人类制造的飞行工具的性能，还没能达到苍蝇的这种程度。即便是螺旋桨飞机，也需要在飞行跑道上助跑和加速。不需要助跑就能飞起来的直升机，最高时速不超过 400 千米，远不及螺旋桨飞机。比直升机速度更快的鱼鹰旋翼机，最高时速也只有 550 千米而已。

这里让人感兴趣的是，谈话是怎么从“飞起来的苍蝇”跳转到“如何开发在零点几秒内达到时速相当于螺旋桨飞机的飞行工具”上来的。

对比通过讨论收获到的知识，再回头想想听到“苍蝇”

这个话题时人们的发言："谈论苍蝇算是怎么回事啊！"我们还能如此轻视讨论这种行为吗？

以"苍蝇"这个话题作为开端进行思考和讨论，没准能使一批研究者受到启发，参考苍蝇的身体构造和飞行方式，研发出目前尚不存在的、拥有卓越飞行性能的飞行器。

由此可见，即便是"苍蝇"这样在普通人看来"无趣、无聊"的话题，也能讨论出一个具备"科学含量"的结论。关键在于，你选择了怎样的讨论点。

讨论点决定了你的思考方向。

有报道称，2014 年，谷歌的研究组织研发出了小型无人飞机（drone）。它的形状像是把鱼鹰旋翼机颠倒过来，发动机放在上方。据说它不需要助跑就能垂直离陆，能在短时间内以相当高的速度飞行……这完全是参考苍蝇的飞行特点制造出的飞行器啊！

还有一次，我和一名犹太小学生聊天时，一只苍蝇在我们身边嗡嗡地飞。

这个犹太小学生问我："像苍蝇这样对于人们来说是妨碍、不愉快的东西，造物主为什么要创造它呢？"

看来，这只飞来飞去的苍蝇对这个小学生造成妨碍了。

但是，谈话并没有在"苍蝇真碍事啊"这里止步，这个犹太小学生又进行了进一步的思考。

“对人产生妨碍的东西为什么会存在呢？”

“如果用杀虫剂把地球上的苍蝇都杀光的话，造物主会生气吗？”

“如果造物主生气了，会有什么惩罚措施呢？”

这样的疑问一经提出，竟然发展到了“占据地球生态圈一隅的昆虫究竟有什么作用”“苍蝇和蛆虫对尸体处理有哪些影响”“为了杀死苍蝇喷洒大量的杀虫剂会对人类生活产生什么后果”这样的讨论上。

这件事令我深有感触。虽说只是一个小孩子，但不愧是热爱讨论的犹太人的后代啊！

相比之下，日本的小学生会怎样呢？

在学习昆虫的时候，老师讲道：“昆虫是节肢动物。考试会出现的，请记下来。”小学生们就会这样按照老师的原话背下来吧。

非常遗憾，在日本，无论什么科目都逐渐变成应试用的背诵科目了。在这样的教育环境下，还能有多少小学生会像犹太小学生那样提出疑问呢？恐怕将来，日本可能也不会诞生想要研究生态圈中某一物种的存在，以及昆虫中的苍蝇和蚊子存在意义的科学家了。

“为什么是那样？”“那样存在的理由是什么？”“真的有必要那样吗？”我们一定要像这样存在疑问，才会开始认真思考。

这些问题也就是所谓的论点。论点是讨论事物、进行深刻思考不可或缺的东西。

明确表达观点

犹太人不仅善于找出论点，而且要表达的主旨和要点也都非常明确。他们喜欢直截了当和单刀直入，不喜欢在进入正题之前抛砖引玉或拐弯抹角。

相比之下，日本人不太擅长直接切入论点。在犹太人看来，“日本人说话磨磨蹭蹭的，不知道在说些什么。”

我平时和犹太人接触比较多，讨论能力在跟他们的唇枪舌剑中得到了很大程度的锻炼。作为日本人，我一度为我的思考能力和讨论能力感到骄傲。即便这样，我还曾经被犹太人指责：“说话焦点模棱两可，在堂而皇之地兜圈子。”

比如，我在协商的最后说：“那么，请回去探讨一下。”如果对方是日本人，他就会明白我“希望做出回复”的意图，所以会在一个恰当的时间点给我答复。

但如果对方是犹太人，我就不会那样说。如果想要回复的话，就要明明白白地说出来："希望在什么时间之前得到回复。"否则，估计永远不会得到回复。

犹太人论点主义的起源

我认为，犹太人的论点主义很大程度上受幼时所受的教育和养成的习惯影响。

星期六是犹太民族的安息日。每个安息日都以读犹太教典籍的方式度过，这是虔诚的犹太人的习惯。犹太人把《希伯来圣经》分成54回，用一年的时间去读。哪周读哪一部分是事先安排好的。这个安排是全世界通用的，世界各地的犹太人在同一个安息日阅读同一个部分。

不仅读哪一部分是事先安排好的，讨论的论点也是决定好了的。例如，某周的论点是这样的：在上帝呼唤摩西的场景中，"モーゼょ，モーゼょ"（译者注：意为摩西啊，摩西啊。よ在日语里是语气助词，这里的ょ字体较小），像这样使用了较小的"ょ"。为什么不用大"よ"而是小"ょ"呢？这就是这周的论点。

犹太人绝不会仅仅把它归结为排版错误。于是，把一切事情都当作讨论对象的犹太人为了找到使用小"ょ"的原因，开始了全民大讨论。

讨论首先从检索开始。

在典籍中，是否还有像呼唤摩西一样，呼唤其他先知的场景呢？遵循这样的思路，将典籍中所有的文字检索了一遍。

现在，使用谷歌就可以进行方便快捷的检索，但在以前，犹太典籍是按照场景来分类的，检索一个关键词需要用到几万张卡片。

即便检索量这样庞大，犹太人还是试着检索了一遍。他们发现，除了呼唤摩西的场景之外，全书中再也没有使用小号字“ｪ”的情况了。那么，为什么仅仅在呼唤摩西的时候用小号字呢？

这个问题成为全世界犹太人新的讨论焦点。

犹太教神职人员会向来到教堂的人重复本周的讨论点。犹太人聚餐的时候常会彼此询问：“对于这周的论点，你怎么看？”于是，讨论就开始了。除了见面讨论，犹太人也会通过网站和邮件交换彼此的意见。一些犹太宗教团体还在面向全世界的犹太人建设推广的网站上，附上了动画版的讨论讲义。这样一来，大家对论点的把握就变得更加容易了。

犹太人就是像这样，经常带着论点来读书、思考，从而养成了讨论的习惯。这也正是犹太人即使在平时讨论也能在一瞬间捕捉到论点，并且沿着论点进行深刻讨论的原因。

不仅仅是成年人，犹太小孩到 15 岁的时候就会去宗教学校学习典籍中的论点注释及其他经典。他们在对典籍的阅读和解读过程中，潜移默化地培养着思考和讨论的能力。

捕捉论点的能力是现代职场中必须具备的能力。

所谓工作中的论点，换言之，就是“最应该优先解决的问题”。把工作中遇到的问题按照重要程度排列，找出哪个是最优先的，这种能力是现代职场必备的能力。有的时候，在工作中会遇到哪些问题我们并不会预先知道。尤其是在过去，我们只需要全力处理好上级交代下来的任务就可以了。但是现在不行，现在我们应该要求自己，除了能够妥善解决问题，还要有预先发现问题并提早预防的能力。

犹太学生们是怎样阅读典籍，怎样进行讨论的呢？我想在这里给大家展示一下。

（注：平时犹太学生们是用希伯来语读典籍的。为了方便读者，这里使用了英文的翻译。）

训练6 练习——故事的开端

（引自《希伯来圣经·创世纪》）

英 文：1:1 At the first God made the heaven and the earth.

1:2 And the earth was waste and without form; and it was dark on the face of the deep; and the Spirit of God was moving on the face of the waters.

1:3 And the God said: "Let there be light." And there was light.

1:4 And God, looking on the light, saw that it was good, and God made a division between the light and the dark.

1:5 Naming the light, Day, and the dark, Night. And there was evening and there was morning, the first day.

中文：1:1 起初神创造天地。

1:2 地是空虚混沌；渊面黑暗；神的灵运行在水面上。

1:3 神说："要有光。"就有了光。

1:4　神看光是好的，就把光与暗分开了。

1:5　神称光为昼，称暗为夜。有晚上，有早晨，这是头一日。

问题：

1:1 里“At the first”的意思是“开始”“最初”，这里的“开始”是指什么的开始呢？“开始”也可以翻译成“In the beginning”，这两种英文翻译有什么不同呢？你认为哪种译法是正确的？说说你的想法。

对每一个字都保持怀疑

犹太人阅读典籍的方法是特别的。他们不是像读小说似的流畅地读下去，而是会从各种各样的角度提出疑问，花时间琢磨典籍中的每一句话、每一个字。他们会给每一句话设置一个论点或几个论点，围绕这些论点展开讨论，通过讨论更深刻地理解典籍中的内容。

在教会学校里，约两百个学生会聚在一间大教室中，两两一组，相对而坐，针对一个论点进行一对一的讨论。每次讨论都会占用很长时间。例如，针对“At the first”的翻译问题，讨论上一天也不足为奇。

学生A:“At the first”不是“这本书的开始”的意思吗?

学生B：如果是那样的话，有必要特意在开头部分写出来吗？我认为，“At the first”是“所有事物的开始”的意思，也就是“神创造宇宙的开始”的意思。

学生A：如果是那样的话，就是从“无”产生出“有”了。那么，有证据证明以前是“无”的状态吗?

学生B：如果是所有事物的开始的话，那么宇宙就变成唯一的宇宙了。那样就奇怪了，神到目前为止应该已经创造好几个宇宙了吧……

对于学生A的主张,学生B进行反驳。反过来亦是如此。

“At the first 是指神着手创造宇宙的开始”，这种观点会引发下面的讨论：只有神能够从无创造出有，也就是说，所有的价值体系和存在都归结为有神。

如果是那样的话，从无到创造出有又是怎样一个过程呢？与之相对，如果意为“宇宙开始的时候”，那么神只不过是改变了既存的宇宙的样子而已了。

而说起来，我们赖以生存的银河系所在的宇宙的最初状态是怎样的呢？是绝对的“无”，还是“有”无限地凝缩变成了“无”呢？那样的话，宇宙大爆炸究竟是怎么一回事呢？宇宙大爆炸是什么造成的呢？——关于“At the first”的讨论，逐渐演变成了与宇宙论和宇宙物理学相关的深奥讨论。

后来，我曾到日本一所著名的大学拜访。在课堂上，我向学生提出了上面那个问题，教室里顿时变得鸦雀无声。彼时，良久的沉默并不意味着持续的思考，正相反，思考停止了。

银河系宇宙的起源问题的确是一个相对艰深的问题，很多人可能从来都没有思考过。但是,顶尖学府中的大学生们，仅仅因为这是一个从没思考过的问题就停止思考了吗?

如果不思考那些从没思考过的问题，就永远不会诞生新的想法。

也许，大部分人都没有思考过宇宙的起源问题，因为它与人们的工作和生活似乎并没有太大关系。“没有关系”就导致兴趣缺乏，如果你也这样想的话，那阅读本书也就没有什么意义了。我还是希望你尝试着认真思考一下。你是地球上存在的一个生命，地球是宇宙的构成要素之一。如果宇宙消失了，你就不存在了。宇宙的起源是什么，为什么会诞生宇宙，这件事情并不像你想的那样——与你没有太大关系。

对于日本人来说，花上一整天的时间，来讨论“At the first”三个单词的意义，这样的行为看起来有些不可思议。但是对于犹太人来说，这件事却有很大的意义。

“At the first”到底是什么含义，这是关乎人们存在意义的重要讨论。这也是犹太人阅读“创世纪”故事后提出的疑问——人(或者说犹太人)为什么会诞生在这个世界上。为了回答这一根源性的问题，了解传说中神创造世界时的最初状态是很有必要的。

通过从各种角度对“At the first”的意义进行讨论，让我们慢慢理解自己诞生的意义。

如果一对一学习的时候，只是把“At the first God made the heaven and the earth”这句话快速地读一遍，就不会有前面那样的讨论，也就不会对人类诞生的意义进行深刻的思考了。

“正确答案”是自己思考获得的

《希伯来圣经》里记载的故事到底该做何解释，一直以来讨论不断。这些讨论被收录在另一本犹太典籍《塔木德》里。

“At the first 是指什么的最初”，关于这一问题就有十余种说法，一连记录了很多页。页数越多，就说明讨论次数越多，讨论时间越长，内容越丰富。

学生们会在课前预习典籍上记载的内容，思考自己赞成哪种观点，并以此为基础构建自己的观点，然后在教室进行一对一讨论。

他们不会照搬书上的描述，因为这样做没有意义。对于犹太学生来说，重要的是自己是怎样考虑的，为什么赞成这种观点而不是那种，把思考的过程用语言阐述出来，从而使思考能力得到锻炼。

在犹太典籍中记载着关于一个论点的多种讨论意见。仅仅关于“At the first”的含义,就有“犹太历史的最初”“地球诞生的最初”“造物主创造善恶法则的最初”等各种意见。其中,被认为最有说服力的是“造物主着手创造天地的最初”这一观点。

但是，即便是“最有说服力的观点”，犹太人也不会把它当作唯一的解释。这就是犹太人的特点。

他们不会采用“最有说服力的观点”来统一解释一个问题，不会像我们一样，把一个答案定义为“标准答案”，大家都回答这个“标准答案”才算正确。犹太人认为，相比答案，讨论更有价值。答案不是典籍或者教科书告诉我们的，而是通过讨论自己掌握的。拿到一种意见就认定“这就是正确答案”的话，就封死了进一步讨论的大门。

而讨论的大门一旦封死，思考也就停止了。

实际上，在犹太教会学校里，老师是不知道一对一讨论的内容的。

偌大的教室里，每个学生都在进行着讨论，老师不知道也是正常的。

但不知道也没什么问题。因为一对一讨论的目的不是为了确定哪种意见是正确的，而是要通过讨论这一行为，让大脑积极运转起来。通过讨论，更加深刻地理解事物，接近事物的本质。这才是最重要的。

一字一句批判性地深入阅读

在捕捉论点的练习中，希望大家一定要实践的是：读文章的时候，要一字一句地、慢慢地、批判性地阅读，就像犹太人阅读典籍时那样，边读边问“这是怎么一回事？”“为什么能这样断言？”

“至少一句话提一个问题”，怀着这样的心情阅读吧。渐渐地，捕捉论点的能力就会提高。

我们以下面的一段话为例，抱着捕捉论点的目的，一字一句地、批判性地、分析性地深入阅读。

1:2 And the earth was waste and without form; and it was dark on the face of the deep; and the Spirit of God was moving on the face of the waters.

（1:2　地是空虚混沌；渊面黑暗；神的灵运行在水面上。）

根据这一小节，你能得出什么论点呢？

如果是犹太人的话，仅仅根据这一小节就能得出足够讨论一天的论点，其中一个论点是“without form”的含义。

“without form”是“没有形状”的意思，还是“没有秩序”（without order）的意思，还是混沌（chaos）的意思呢？

为什么明明是造物主创造的东西，却没有形状呢？

所谓“没有秩序”是指混乱吗？

造物主创造的东西却是混乱的，难道不奇怪吗？

对于“没有秩序的东西”，造物主是怎样排列它们的呢？

为什么创世之初的地是没有形状的呢？

“没有形状”到底是怎样的状态呢？是“无”的状态吗？

现代宇宙物理学最前沿的理论和典籍中的记载有一致性吗?

……

对“without form”这两个单词进行批判性的阅读，至此已经发现八个论点了。

接着往下读，“the Spirit of God was moving on the face of the waters”，这里突然出现了“water”这个词。

根据典籍中的描述，创世的时候，地是没有形状的，但却有水，水上还有造物主在运动。这是怎么一回事？既然在典籍上写着，就应该有它的寓意。到底是什么寓意呢?这就是关于“water”的一个论点吧。

1:3 And the God said: “Let there be light.” And there was light.

(1:3　神说：“要有光。”就有了光。)

这是典籍中记载的光出现时的情景。关于这一小节，你能想到什么论点呢?

犹太人经常讨论的是“造物主为什么必须要说这句话”这一问题。

因为典籍上写的是“said”,所以肯定是“说出来”的话，不是在心里默想的话。如果像典籍中描述的那样，造物主是全知全能的存在，那么即使他不一一说出来，也能让这个世界按照自己的想法发生变化。那么，这里为什么要特意“说”出来呢?

为什么造物主不是用挥手或吹气的动作，也不是发出“哎”“呀”“嗯”这样的声音，而是要说出“let there be light（要有光）”这么长的一句话呢?

为什么在创世的最初，语言是必要的?

“要有光”是宇宙诞生的目的吗？如果是的话,“要有光”意味着什么呢?

特意记下这个场景，是为了说明语言能力是造物主赋予人类的吗?

……

像这样，关于语言重要性的讨论又会持续一整天。通过这样的讨论，犹太学生认识到了语言的重要性。

正如第一课中“手、脚、眼和嘴，谁最伟大”那则故事所讲的那样，嘴是灾祸之源，但同时也是能说服所有对手的唯一器官。

语言是将人类和其他生物区别开来的最重要的东西。

既然连造物主在创世的时候都说了很长的话，那么我们人类在面临矛盾冲突的时候，不应该认为“争论无用”而随意诉诸武力，而是应该诉诸语言，和平地解决争端——也可以得出这样的道理吧？

之前说过，犹太人有这样一句格言：“舌尖上有幸福。”他们认为，过于沉默的话，幸福就会从身边溜走。而语言就如同一只手，能把幸福拉到身边。因此，犹太人经常聊天，发言，提出主张。

让我们继续还原犹太人的讨论现场。

读 1:3 到 1:5，你有没有产生什么疑问呢？

1:3 And the God said: “Let there be light.” And there was light.

1:4 And God, looking on the light, saw that it was good, and God made a division between the light and the dark.

1:5 Naming the light, Day, and the dark, Night. And there was evening and there was morning, the first day.

（1:3　神说：“要有光。”就有了光。

1:4　神看光是好的，就把光与暗分开了。

1:5　神称光为昼，称暗为夜。有晚上，有早晨，这是头一日。）

大家比较一下 1:3 和 1:5。

在 1:3 中出现了“let there be light（要有光）”这样的语句。在 1:5 中又出现了“And there was evening and there was morning”（有晚上，有早晨）这句话。意思是相较于早晨，夜晚先出现了。一字一句慢慢读的话，会觉得这里有点儿奇怪吧？

假如产生了光明，那么早晨就应该先于夜晚到来，1:5 部分的表述就应该是“And there was morning and there was evening”。但是典籍上并没有那样写。

这又让犹太人产生了疑问。

为什么之前说过“let there be light（要有光）”，后来却没有说“let there be darkness（要有暗）”呢？

为什么造物主最初创造的是有光的世界，而不是黑暗的世界呢？

造物主想创造的有光的世界究竟是什么样的呢？

这就是论点。

关于这部分的讨论细节会在第 6 课中介绍。

以上，我们再现了犹太人是怎样一边读书一边进行讨论的。对每一句话、每一个字进行批判性地精读，你应该大致了解了。

这里介绍的只是一小部分论点。可能有些读者找到了其他论点，这样更好。

找到自己独有的论点，进一步思考，这是非常重要的。

希望大家在日常生活中也能试着实践一下。读书的时候或者听新闻的时候，不是原原本本、不假思索地接受别人告诉你的事，而是对每一句话、每一个字都投去批判的目光，找到值得考虑的论点。

犹太人在看新闻的时候会这么想："新闻是人写的，那个人的观点并不一定是真理。"

希望大家参考一下这个角度。

Lesson 3

拆掉思考的框框

训练 7　问题

假如你是小学的语文老师，一个小学生指着教科书目录问道："教科书为什么按照这个顺序编排呢？"

你会怎么回答？

一直在做的就一定对吗？

学校授课的顺序一般都是按照教科书的目录进行的，那教科书又是按照什么顺序编排的呢？

或许，孩提时期的你也对此产生过疑问。

但是，疑问归疑问，真的向老师提出这个问题的学生又有几个呢？

我们大部分人都是这样被教育长大的：教科书上写的东西和老师讲的东西就是对的。即便觉得教科书上的顺序或内容有违和感，也不会站起来提出异议，而是会按照老师的指示翻开书，将黑板上所写的板书誊写到笔记本上。

换作是对一切事情都要讨论的犹太小孩可能就会大声提出“为什么是这样的顺序”这个问题。

对此，你会做何回答呢？

A. 不配合提问——“按照书上所写的顺序进行是理所应当的。”

B. 不允许扰乱课堂——“别说那些任性的话让老师为难。你看，课都进行不下去了。”

C. 询问孩子的观点——“你认为什么顺序好呢？”

人们对于这个问题的反应，大致可以分为以下两种类型。

敷衍搪塞型：按照既定的顺序进行下去是理所当然的。不能对任性的小孩子一一回复。

思考解决型：孩子说的话也有一定的道理。试着改变一下顺序可能会很有趣。

根据你的所属类型，可以得知你思考的灵活程度。

细想起来，授课的顺序必须要按照教科书的目录来进行吗？这件事情是绝对的吗？

教科书的内容可能是按照孩子的认知规律由浅入深地编排的，所以按照此顺序进行可能是相对较好的一种选择。但是，就像教室里有各种各样的孩子一样，讲台上也有各种各样的老师。虽然人拿着的书是一样的，但是拿着书的人绝对不是一样的。

每个老师应该根据自己班上孩子的特点，为他们想出适合的顺序，进行授课实践。我认为这才是正确的姿态。

但实际上，课堂上每年都沿袭着相同的顺序。在这个不断重复的过程中，大家日益觉得这是理所当然的了。老师们形成了授课习惯，讲课的技巧也越来越熟练了。最后，大家都觉得：自己一直是用这种方法做的，这种方法对自己来说是最好的。

而从这一刻开始，思考就停止了。

有例可循就一定好吗？

我们总会无意识地限制自己的思考。也可以说，原本灵活的思考被固化的思维阻止了。

深信“这就是这样的东西”“就应该按照教科书上的顺

序进行”，这就是其中的一个表现。

大家回想一下日常的谈话。“一般都是这样”或者“那是不可能的”，如果你经常说这样的话，还是注意些为好。固化思维恐怕已经在你的脑海中形成了。特别是经常脱口而出“一般都是这样”这句话的人，可以说，他们已经陷入了思考停止的状态。

还有诸如“先例”“惯例”“成功案例”“前人经验”等，都是有可能会限制你思考的东西。

时光倒退回很久以前，按照先例、惯例和前人经验来工作可能就可以了。但如今是一个日新月异的时代，如果不改变自己，总是一成不变，就会被时代淘汰。即便是擅长学习和改变的人，也不能说就有十足的把握可以在这急剧变化的环境中生存下来。

追求“更高品质，更低价格”的改善，只不过是在相同的框架及既定的路线上提高产品性能和性价比，其他技术完备的公司也能效仿。这样很容易变成毫无优势的消耗战。

在成熟的市场中，如果还做着和以前同样的事情，只会被卷入价格战而陷入疲惫；必须考虑涉足没有先例可循的领域，靠自己创造新的市场。

为此，不要说过去的成功体验，有时就连自身的强项以及独特性也必须否定。

就像英特尔的创始人安迪·葛洛夫一样。

站在悬崖边上的英特尔的决断

英特尔创业之初是制造内存芯片的，这是英特尔的主打产品。不久，东芝、日立、NEC 等公司也加入了这个市场，制造商之间的竞争日益激烈，英特尔的销售业绩跌入了低谷。是像现在这样作为芯片制造商继续经营企业，还是在与日本企业的竞争中摸索出新的生存之道呢？英特尔公司被迫站在了岔路口。

最初，英特尔想通过增加研发投资，提高芯片的品质来渡过难关。但由于日本企业的紧追不舍，英特尔放弃了这一对策。

英特尔从当时独有的芯片业务中退出，投入到了新的事业中。它选择了相当于计算机大脑中枢的 CPU 研发，将此作为事业的重心。

从原本擅长的领域中撤退，对于犹太人安迪·葛洛夫来说，并不是一件容易的事。《英特尔战略转换》一书记录了他做出这一决断时的情形：

葛洛夫与英特尔的董事长兼CEO戈登·摩尔面对面坐着。他问对方："如果董事会把我们赶下台，从外面聘请一位新的CEO，你认为他会最先采取什么行动？"

摩尔回答："他会放弃芯片业务吧。"

葛洛夫听后，这样说："那我们为什么不自己动手呢？"

抛弃过去的骄人成绩和经验，以零基础来面对未来是需要勇气的。正是因为能做到这样，英特尔才能一跃成为世界霸主。

安迪·葛洛夫不拘泥于英特尔的现有业务和技术强项，把自己从思考的限制中解放出来，重新获得了灵活自由的思考。

在犹太典籍中，60万犹太奴隶在摩西的带领下逃离了埃及。对于犹太人来说，它不只是一个肉身解除束缚、获得自由的故事，更是一个从思考的限制、停止的状态中解放自我，获得自由奔放的思考，达到灵魂的自由的故事。

与其说选择做过的事是一种习惯，不如说它意味着思维固化、未被解放的灵魂和沿袭旧弊、不敢挑战的怯懦。

训练8　练习——能迎接逾越节吗?

逾越节（passover）是庆祝犹太人从奴隶状态中解放、逃离埃及的宗教节日。据说，犹太人逃跑的时候，只穿着身上的衣服，来不及拿走酵母菌。为了不忘记贫苦时期的事情，犹太人在过逾越节时要吃无酵饼，家中所有带酵母菌的东西都必须清除掉。

逾越节前，犹太家庭为了防止带有酵母菌的面包屑和谷物掉落到地上，会对房间进行细致的大扫除。犹太人会将餐具和烹饪器具一起放进大锅里，用沸水杀死酵母菌。经过一番彻底的打扫后，犹太家庭就可以迎接逾越节了。

逾越节的前一天，在某个犹太家庭，父亲问了女儿下面这个问题："逾越节的前一天晚上，从起居室的墙洞中跑出来一只叼着面包屑的老鼠。这只老鼠穿过起居室，又从别的洞口跑了出去。那么，明天还能迎接逾越节吗？"

问题：

女儿该如何回答?

积极思考应对改变

对于犹太家庭来说，只要家中有一点儿含有酵母菌的面包屑，就不能迎接逾越节。

故事中的时间已经是晚上了。要想将家中再全部打扫一遍，显然时间不够。在这种状况下，这个犹太家庭还能按照计划迎接逾越节吗？

对此，女儿的主张是下面这样的：

女儿说："叼着面包屑的老鼠从洞中跑出去了，家里应该没有面包屑了。因此，明天可以按照计划迎接逾越节。"

父亲听了，追问道："你怎么确定跑出墙洞的老鼠和跑进去的是同一只呢？如果跑出来的是黑色的老鼠，跑进去的是白色的老鼠怎么办？黑色的老鼠可能把面包屑掉在家里的某个角落了啊！"

如果从洞中跑出来的老鼠和跑进去的老鼠是同一只的话，女儿的主张就是正确的，明天就可以按照计划迎接逾越节。

如果跑出来的老鼠和跑进去的老鼠不是同一只的话，

女儿要怎样说服父亲呢？

女儿说："因为白天已经将家里打扫干净了，所以家里不应该还有面包屑。除了黑色老鼠叼出来的面包屑以外，家里应该没有白色老鼠能叼走的面包屑了。因此，黑、白两只老鼠叼的面包屑应该是同一个。也就是说，家里没有残留的面包屑，所以可以迎接逾越节。"

父亲又问道："白色老鼠和黑色老鼠还会互相交接面包屑吗？它们的关系有那么好吗？"

女儿说："它们都是老鼠，所以关系会好的呀。你看狮子，也会把杀死的猎物分给大家啊！"

父亲再次打破前提问道："如果是两只不同种类的动物会怎样呢？如果跑出去的是老鼠，跑回来的是黄鼠狼呢？"

前提再次更换了。如果是不同种类的动物，还会交接食物吗？

讨论到此，可能会有读者开始挠头了吧。

女儿会怎样应对呢？

女儿说："黄鼠狼把老鼠叼着的面包屑抢走了，所以家里没有其他含有酵母菌的食物了。”

父亲问：“那如果跑出去的是黄鼠狼，跑进另一个洞里的是老鼠呢？老鼠能把黄鼠狼叼着的面包屑抢走吗？”

女儿说：“老鼠和黄鼠狼关系好，所以会互相分享食物。老鼠得到了黄鼠狼叼着的面包屑，从另外一个洞口跑进去了。因此，家中没有面包屑，可以安心地迎接逾越节了。”

故事里的讨论在这里就结束了。想一想，如果是你，能讨论到哪种程度呢？

犹太人就是这样教育孩子的。不管讨论的前提如何变化，都不能沉默不语。仅仅因为前提变化就闭口不言，这就是思考停止的表现。

正是拼命地让大脑运转，来应对各种假设，才能锻炼思考的灵活性。

这种讨论一方面能够锻炼大脑的灵活性，另一方面也可以教给孩子一些动物学知识。通过讨论让孩子思考，两种不同的动物是否会相互分享食物。

实际上，的确有动物学家在研究两种不同的动物是否能够进行食物共享。据称，研究者已经观测到了狮子和狒狒共享食物的实例。

在犹太家庭中，这样的讨论随时都在进行着。而在我们的家庭和学校中，这样的讨论情形常见吗？

成年人在职场中，也常遇到这样的状况：领导早上刚发布的指示，到傍晚时又变了。这种朝令夕改的行为常被指责为“指示频繁变更，不稳定，不可信赖”。对于这样的指令，人们的评价中多含否定的意味。但在犹太人看来，在保持大的方向性不变的前提下，“朝令夕改”绝不是坏事。

因为事物时刻处在发展变化之中。如果到了傍晚情况发生了改变，那么改变应对方法是理所当然的事情。固执地使用同一方法才是相当危险的。

如果你遇到喜欢“朝令夕改”的上司，不要总是埋怨“说好的事情不停地改变，工作很难进行”。换个思路，像犹太人一样，把改变当作锻炼思考能力的机会吧。

训练自己先说“不”

与我们所受的教育不同，犹太人是在一直被鼓励说“不”的环境中成长起来的。

如果先说了“不”，无论过多久都可以变更为“好的”，对方还会因为结果超出了预期而感到高兴；但如果先说了“好的”，之后再改成“不”，对方就会因为没有达到心理预期而生气。犹太人敏锐地洞察到了人性中十分奇妙的这一点。

犹太人必须学会说“不”的另外一个重要原因是：如果想说“不”，就必须将说“不”的原因解释清楚。“不”的后面必定接着“因为”——既然要拒绝对方，就要说出让对方信服的理由。而如果说了“好的”，也要立刻执行。

在犹太家庭，孩子们从小的时候起就要训练说：“不。因为……”

如果孩子说“想吃点心”，母亲首先会回答“不”，然后再问“为什么想吃”。孩子就会立刻说“因为……”然后说出想吃点心的理由。如果说出的理由不能让母亲信服，就不能吃点心。

为了实现自己的愿望，孩子一定会绞尽脑汁地思考。犹太人就这样从小开始锻炼思考能力。

而在日本，人们很难开口说“不”。当听完对方的发言时，如果回以“不”，就会变成否定对方的意思；但他们也不明确地说出“好的”，日本人倾向于彼此照顾当时的氛围，配合默契地将事情决定下来。

人们为了保持和谐的气氛，会默默地压制自己的想法。这样一来，别说灵活思考了，就连用自己大脑思考的能力都快失去了。

如果想要寻求改变，就从说“不”开始吧。

对于常识、先例、成功案例、保持多年的习惯，等等，试着说“不”吧。

但是要记住：我们说“不”，并不只是为了否定对方，而是为了给自己增加说“因为”的机会。

我们要对自己所说的“不”负责任。我们所说的“不”，是条理清晰、理由充分、能让对方信服的“不”。

我们所说的“不”，是否定既定路线、不甘于现状、灵活思考并产生新想法的“不”。

训练9 练习——摩西分海

在摩西的带领下，犹太人离开了埃及。可是埃及国王又改变了主意，决定让埃及军队前去追击犹太人。犹太人好不容易来到红海边，但是埃及军队很快就追到了那里。

被逼得走投无路的时候，摩西向神祈祷。奇迹发生了，红海被分割成了两部分。在摩西带领众人渡过红海后，红海又闭合了。正在此时渡海的埃及军队被海水淹没了。

问题：

摩西分海的故事真的发生过吗？请陈述你的理由。

“不可能”真的“不可能”吗?

犹太教典籍中描写了很多“神奇”的故事。除了摩西分海的故事，还有挪亚方舟的故事。

你相信这些故事的真实性吗？还是认为这些都是编造出来的因此一笑而过呢？

大海被分开，按常理来说是难以想象的事情。大多数人都认为那样不合常理的事情不可能会发生。

但是，纵观世界，与此相近的事实却真的发生过。

如果 1100 百帕的海域被 950 百帕的台风低气压侵袭，潮位就会上涨 1.5 米。在那基础上飓风将潮位推升上去。飓风推升 1 米，潮位共计上涨 2.5 米；如果是满潮的话，潮位就会上涨 4~5 米。如果正好赶上地震导致的海啸，潮位就能轻松达到 10 米甚至 20 米。那样的话，纽约的曼哈顿地区就会被全部淹没。

2012 年，飓风侵袭美国。受高潮的影响，曼哈顿南部被水淹没，造成了巨大的经济损失。

那时，曼哈顿南部的水位最高上升到了 4.2 米。根据记载，这一地区因受飓风侵袭，还曾有过水位上升到 11.6 米的惊人记录。

曼哈顿的水位上升了 10 米以上，就意味着世界上某个地方的水位下降了 10 米以上。

海水的高度产生了极端的变化，这与红海分开的原理是相同的。

人类要渡过红海，需要水位下降到一定程度。假定水位下降 30 米，红海就会裸露出海底，呈现出“分割”之态，那么，只需要把世界上某个地方的水位上升 30 米就可以了。这样想来，“分海”并非是绝对不可能发生的事。

而且，现实生活中的确发生过这样的事。在巨大的海啸侵袭陆地之前，水位会惊人地降低，产生严重的退潮现象，海底就会裸露出来。

我们假设，刚好在犹太人渡海时，水位惊人地降低了，海底出现在众人面前。那时的人们对这一现象并不能全然理解。因此，人们认为，这是神的力量使大海分开了。

而埃及军队追来时，情况刚好相反——巨大的海啸席卷而来，吞没了所有人。澎湃的自然之力有如神的惩罚，让渺小的人类难以抵挡。

这样想来，“分海”并不是难以想象的“超自然现象”，而是很有可能发生的自然现象，是“设想内的事态”。

我们对此进行讨论的目的，并不是要教你分辨出摩西分海的故事是“真的”还是“假的”，而是想让你冲破思维中“可能”与“不可能”之间的藩篱。

在面对新的信息的时候，不要以固化的思维武断地断定“这是不可能的”。

这就是这节练习的目的。

否定可能的一瞬间思考就停止了

不管是摩西分海的故事，还是挪亚方舟的故事，“像这样的事情是不可能发生的”。否定掉可能性的这一瞬间，你的思考就已经停止了。

这些故事是否真的发生过，这并不是讨论的重点。重点是，如果你转变思维，认为这些事是“可能的”，就会开始积极地、创造性地思考“如何才能发生”。

在你的头脑中不预设立场，不否定任何可能性，全方位地打开思路。这就是自由灵活地思考的起点。

以“挪亚方舟”为例，我们先不要急于否定这个故事的真实性，而假设它是“可能的”。

在洪水来临之前，挪亚一家造了一艘巨大的船。这艘船大到足以让所有动物都能选出一公一母登船。大洪水过后，挪亚一家和各种动物走下方舟，开始了新的生活。

假如一个世界已经千疮百孔，无法继续在这里生存下去，人类要怎样离开，去寻找新的世界？

或许，挪亚方舟的故事能给我们一些启示。

美国国家航空航天局提出的火星移民计划，不正是与挪亚方舟的故事有着相似的构想吗？

整天讨论着典籍中记载的“超常现象”的犹太人，考虑这样的事情也不足为奇。

Lesson 4

不被感情左右

训练 10　问题

为了救从车站月台跌入轨道的人，一个青年跳下轨道，被开进来的电车所碾轧，失去了自己的生命。全社会高度赞扬其勇敢的行为，国家还对该青年进行了表彰。

你认为，大力表彰舍己救人的青年，这样的做法是妥当的吗？

你没有跟随媒体的大流吗？

十多年前，曾经在日本发生过这样一起事故：为了救一个从车站月台上跌落的人，两位男青年相继失去了自己的生命。其中一个是韩国青年，他在异国日本的这种“勇敢的行为”受到高度赞扬，被日、韩两国媒体广泛报道。两位死者的家属还收到了来自日本内阁总理的感谢信。

几年前，还有一位年轻女性，她为了救一位站在岔道口的老年人被电车碾轧身亡。她也因此被内阁总理授予了感谢信和“红绶”奖章。

国家大力表彰为救人而牺牲性命的人，这种做法是否妥当呢？这是我在一次研讨会上首先对与会者提出的问题。

会场上鸦雀无声，有的人脸上还露出了不解的神色。

在日本，敢于谈论这样的问题的人几乎没有。

大多数日本人都会被这种舍己救人的勇敢行为所感动，为失去生命的人感到惋惜。在整个社会一片称赞的氛围中，如果对大力表彰这种行为产生怀疑，提出异议，反而可能会受到批评：“认为表彰有问题的人才奇怪。”“难道这种高尚的行为不值得被表彰吗？”

所有人都保持同样的意见，我认为，这种僵化的氛围才是十分危险的。

当然，不顾自身安危去救助他人，不是很容易就能做到的。这的确是一种很值得尊敬的行为。

但是，舍己救人的行为与国家和社会对这种行为的高度赞扬是两个不同的问题，应该分开来考虑。如果对这种“勇敢的行为”的感动和同情过于激烈的话，就不能冷静地思考和讨论问题。这样就会很危险。

我们要讨论的并不是舍己救人这一行为的对错，而是国家和社会对于这种行为进行高度赞扬这件事情的对错。

我认为，是不应该过度称赞这一行为的。

在一味赞扬舍己救人的社会舆论氛围中，每个人都难免受到影响，包括未成年的小孩。他们很可能在面临相似情境的时候，为了做出“勇敢的行为”，而把自己陷于危险之中。

在一个全民认为“大力表彰舍己救人行为是正确的”的社会中，假如你遇到了同样的情形，你会怎么办呢？试着冷静地考虑一下。

在车站的月台上，站在你旁边的人不小心跌入了轨道。现在月台上只有你一个人，电车马上就要进站了。如果跳下轨道去救人，你的生命也会处于危险之中——在这种情况下，你会下去救人吗？

在一个全民秉持同一观念的社会中，如果你没有去救人，可能就会受到严重的谴责：“看到人掉下去了却视而不见，真是个无情又自私的人！”

更有甚者，可能会骂道："这样做与杀人犯没什么区别！"

谴责的程度与对"大力表彰舍己救人行为是正确的"这一观点的认可程度成正比。

如今这个时代，人们的一举一动都被无所不在的摄像头一一记录着，根本无法彻底逃离社会的监督。试想一下，月台上的你没有跳下去救人，刚好这一幕被摄像机录下来并被公布到了媒体上。各种指指点点、谴责、辱骂蜂拥而来，你因为没有"舍己救人"而成为别人口中的"杀人犯"，一生都背负着这个阴影，难以摆脱。

想一想，这样的社会还能称得上是健全的社会吗？

用自己的大脑思考

与之相似的讨论在犹太典籍中也有记载。

一个青年走在广袤的沙漠中。他的水壶里只剩下能够撑到下个城市的最低限度的水——多一滴也没有了。半路上，他碰到一个迷失方向的彷徨的游客。"我已经好几天没有喝水了，嗓子要干死了，你能把水壶里的水分给我一半吗？"

面对游客的请求，青年应该把水分给他吗？

把水分给游客的话，青年就不能活着到达下一个城市了；如果不把水分给游客的话，游客的生命肯定就有危险了——是对眼下求助的人见死不救，还是冒着生命危险去救人一命呢？

在一个对舍己救人的行为高度赞扬的社会，人们的思考会被舆论和情感所裹挟，多半会选择后者。

但如果是犹太人，他们首先会这样考虑："神为什么要我诞生在这个世上呢？"

仅仅是为了在沙漠中帮助他人吗？

不，不只是那样的。我们每一个人都被神赋予了独特的使命，每一个人的生命都是宝贵的。在完成使命的过程中，每个人的生命都不应该被轻易地夺去。

对舍己救人这一行为进行高度赞扬的社会，并不是神所期待的社会。在以神的旨意作为衡量标准的社会里，是不会有"游客太可怜了"这种唯感情论进入讨论的余地的。

这是犹太人思考的角度。

什么是正义，什么是有价值的，都在犹太典籍中竭力探讨着。这些典籍才是犹太人的行为指南，并不是社会舆论，或者是个人感情。

之所以举这个例子，并不是说犹太人就是冷漠的、见死不救的，而是想提供给大家另外一种思考角度——不被舆论左右，也不被个人情感影响，能够冷静客观地讨论一件事情。

人们心中正义和价值的标准也不应该被媒体报道和社会舆论所左右。

为了不轻易地被媒体的言论带跑，人们必须学会“用自己的大脑”进行思考，不能因为感动、同情等情感因素使思考停止。

只有从各种各样的视角进行彻底的思考，才能逐渐形成不被社会舆论和社会氛围左右的标准。对于一个成熟的人来说，凡事有自己的思考是必要的。

为此，正如第一课中所说的那样，“把一切事物当作讨论的对象”是第一步。

即使是因为立场不同而意见相对的敏感性问题也要试着讨论一下。在讨论容易情绪化的问题时保持冷静，就是你的一大进步。

训练 11　练习——老鸟和雏鸟

在犹太典籍中有这样的内容：“如在走路的时候发

现鸟巢，在老鸟守护雏鸟时，不能抢夺雏鸟；等老鸟飞走后，可以抢夺雏鸟。”

问题：

如果不是在“走路时”，而是在大海中发现了鸟巢，那么即使老鸟在巢里也可以去抢夺雏鸟吗？

“可怜”不能成为理由

这也是犹太典籍中的讨论。

“如果鸟巢是在海里呢？”能提出这样的假设，思考角度也是够独特的了。

你可能会想：“大海里不可能会有鸟巢，这违背常理。”但是别忘了，我们之前讲过，在讨论的时候要忘掉直觉得出的“不可能”，以假定可能的态度去直面问题。

这里要考虑的是，你会用怎样的理论来回答这个奇怪的问题。希望你把它当作大脑体操来简单地练习一下。

在犹太教会学校，老师对学生提出上述问题，学生思考后回答，讨论以这种形式进行着。

“如果鸟巢是在大海中发现的，那就可以从老鸟的眼前夺走雏鸟吗？”这是一个刁钻的问题。

如果不考虑其他因素，按照犹太典籍中的教义来回答的话，应该是可以的。典籍中只限定，在陆地的道路上不能从老鸟的眼前夺走雏鸟，没有规定在大海中也不允许。因此，夺走雏鸟是可以的。

但是从感情方面来讲，在老鸟面前夺走雏鸟的行为是有些残忍的，失去孩子的老鸟和失去母亲的雏鸟都是可怜的。学生们希望能通过合理的解释，得出“不能夺走雏鸟”的结论。他们拼命地思考能使老师信服的道理，而不仅仅是通过“老鸟和雏鸟太可怜了”这种感情论。

为了不违背“在道路上不能在老鸟的面前抢夺雏鸟”这一讨论原则，怎样把“道路”的定义和解释延展到大海上呢？

解答上述奇怪问题的钥匙就在这里。

道路只存在于陆地上吗？大海上就没有道路吗？

如果能拿出“大海上也有‘道路’”的证据，就能得出符合逻辑的、让对方难以反驳的答案了。

犹太学生做出了这样的回答：“大海里也有道路。正是因为犹太先知摩西在红海里开辟出了道路，我们今天才能站在这里。因此，即便在海上，也不能抢夺雏鸟。”

犹太人喜欢使用犹太典籍中的内容作为论据，以使对方无从反驳。“犹太先知摩西在红海里开辟出了道路，我们今天才能站在这里”这个论据就是如此。

老师的提问继续进行：“如果鸟巢建在人的头顶上呢？可以在老鸟的面前抢夺雏鸟吗？”

对此，犹太学生的回答是这样的：“如果在人的头顶放上尘土的话就变成了道路。教典中记载，大卫国王优秀的副官为了传递作战计划，拼命地赶往国王所在的山上。当时由于情况紧急，副官戴的帽子上出现了一条尘土的道路。因此，即便鸟巢建在人的头顶上，也不能抢夺雏鸟。”

这也是从犹太典籍中引用的例证。

对于犹太人来说，典籍里记述的事情都可以作为论据。这样的论据谁都难以反驳。

因此，犹太人对于犹太典籍的学习是必不可少的。

对于很少接触犹太典籍的日本人来说，引用其中的内容来进行反驳是困难的。但只要是有根据、有道理的答案，不出自典籍也没关系。通过辨析“道路”的定义，拓展“道路”的解释，找到“不能在老鸟面前抢夺雏鸟”的有逻辑的证据。

“如果鸟巢既不在陆路上，也不在大海中，而是飘荡在半空中。在这样的情况下，还能在老鸟面前抢夺雏鸟吗？”

如果被这样问，可以回答“天空中有老鹰的道路”“天空中有飞机的航线”。

没有读过犹太典籍的本书读者，如果被问“鸟巢在大海中”“鸟巢在人的头顶上”，你要怎样回答呢？

大海中和人的头顶上有怎样的道路，根据是什么？试着考虑一下吧。

彻底地思考“根据是什么”

从感情论中脱离，用理论解答问题，找出“根据是什么”是有效的方法。尤其对于因立场不同而容易感情用事的问题来说，一边出示根据，一边进行讨论，会是很好的思考训练。

像这样的主题能找到很多。例如：

假设4个本国游客在国外被恐怖主义者诱拐了。为了救出这4个人，决策者决定派遣出1000人的部队。

你认为这个决断正确吗？说出你的理由。

可以分成两种意见，讨论派遣部队是“正确的”或是“错误的”。如果没有讨论的伙伴，可以在明确立场的基础上尝试组织自己的观点。

无论站在哪种立场，重要的是不感情用事，给出你做出主张的根据。

世界领导者培养机构设置的思考课程

“第二次世界大战中，美国向日本广岛投下原子弹这一行为是否正确？”在美国高中的课程中，就有关于这一问题的讨论。

讨论分为两种观点：一种认为投放原子弹是“正确的”，另一种观点认为，投放原子弹是“大屠杀”。双方一边阐述自己观点的依据，一边进行着讨论。

特别是在培养领导者和社会精英的寄宿学校，正在实施此类课程。

领导者正是通过这样容易带入个人感情、容易引起物议的艰难讨论而培养出来的。

要成为领导者，就要对危急时刻是否使用原子弹类的大规模杀伤性武器做出决断。这个讨论是未来的领导者不能回避的讨论。

另外，在牛津大学还有世界闻名的辩论社“牛津联盟”，在那里定期举行此类讨论。

“上帝是否存在”是该社著名的、招牌式的辩论主题。

牛津联盟以闻名遐迩的辩论精神吸引着海内外的精英学子。

这样的讨论不仅对于未来领导者来说是必要的，对于企业经营者也是一样的。

假如，你经营着一家实行终身雇佣制的企业，目前具备相当的经济实力，但随着经济环境的变化，也存在大量解聘员工的可能性。当面临严峻的局面时，企业是该为求生存而大量解聘员工，还是应该信守承诺绝不解聘呢？

你作为经营者该如何决策，决策的依据又是什么？

这样的讨论才应该是商学院重点训练的内容。只是一味地讨论如何改善业绩，提升效率，是无论如何也培养不出真正具备领导力的经营者的。

训练12　练习——狐狸和葡萄园

一天，一只狐狸路过一片葡萄园。它被那看起来十分美味的葡萄馋得直流口水，决定进入园子去偷吃。但是，葡萄园被栅栏严严实实地围住，胖胖的狐狸无法通过栅栏间的缝隙。

这时，狐狸想："好吧，那我就不抓野兔，饿几天肚子。等我瘦了肯定能通过栅栏间的缝隙。"

狐狸停止了捕猎，把自己关在窝里好几天，一直忍受着饥饿。终于，狐狸瘦到了能通过缝隙的程度。狐狸晕晕乎乎地走出了洞穴，挤过葡萄园的栅栏，吃到了梦寐以求的葡萄。葡萄真好吃啊！狐狸沉醉在美味中，不知不觉地把葡萄全部吃完了。

由于吃了太多的葡萄，狐狸的肚子圆鼓鼓的，无法通过来时的缝隙了。这样的话就不能回到自己的洞穴了。这时，狐狸想到了两个办法：

A. 把吃的葡萄全吐出来，让胃回到原来扁扁的状态。

B. 藏在葡萄架的后面，等到和进来时一样瘦时再出去。

问题：

你认为，狐狸会选择哪种方案呢？

评估风险后做对的决策

这是犹太母亲经常讲给孩子听的一则小故事。

让孩子判断狐狸所采取的行动，针对孩子的回答再深入提问，再让孩子思考是否还有比狐狸的方案更合适的做法。

如果是你，你会选择哪个答案？

我推测，80% 的读者会选择 B。

选 A 的话，虽然没有遇到猎人的风险，但必须将好不容易吃到的美味葡萄全都吐出来。这样一来，在洞穴里所忍受的饥饿和为瘦身所做的努力都会化为泡影。放弃一度到手的成果需要很大的勇气，因而毫不犹豫选 A 的人应该很少吧。

孤注一掷，即使冒着遇到猎人的风险也要维护既得的成果，这是方法 B。运气好的话，可能根本不会遇到猎人。如果抱着这种侥幸心理，不加任何提防，不采取任何对策，这样做也是有问题的。

那么，在犹太母亲看来，孩子做何选择才是正确的呢？

答案 A 和 B 都不是最佳答案。

将葡萄全部吐出来的话，几天来所忍受的饥饿和为瘦身所付出的努力就失去了价值；留在栅栏之内等着变瘦的话，就可能会遇到猎人，冒着失去生命的巨大风险。

如此说来，难道最初就应该放弃吃葡萄这个念头吗？

也不是。

那应该怎样做，才能冒着最小的风险，取得最大的收获呢？犹太母亲会这样引导孩子。

犹太孩子多半会这样回答：“为了随时能从缝隙间出来，无论何时都不要吃得太饱”“用几天时间慢慢吃”这些答案的核心是有节制，有余地。

只要开阔思路，其他的答案还有很多。

有没有办法让狐狸不用进入栅栏就能吃到葡萄呢？这也是一个有效的思考点。如果可以做到，就避免了遇到猎人无法逃走的风险。

冷静地分析“现实”

面对风险，日本人容易做出这样的选择：对多多少少的风险视而不见，认为“总会有办法的”，把未来寄托在运气上。而犹太人更倾向于彻底调查真实情况之后，冷静地做出判断。这两种思考方式的差异很大。

在我加入犹太教之后，有一次，负责指导我的犹太教神职人员这样说：“很多日本人不是分析家，而是空想家。”

空想家，就是整天做白日梦的人！

像哈佛大学、牛津大学这样的世界著名学府，都非常重视培养学生的分析能力，而且分析必须是有理有据的。但是在日本，学生写的论文里常出现“我认为”这样的主观性论断，缺乏分析所必需的事实性依据。

他还指出，欧美记者和日本记者写的新闻报道也有很大的差异。

欧美记者的新闻报道多基于广泛的调查，边引用调查结果边进行客观分析；而日本记者的新闻报道缺少对事实证据的必要调查，常掺杂着记者的主观论断和感情色彩。

这种差异呈现在经济、教育、文化等各种方面，被认为是日本在国际政治、企业竞争和教育中滞后的根本原因之一。

作为个人，我们也该认识到，不经过实际调查，仅凭空想是不能正确认识现状的。

基于调查和分析的逻辑性思考能力，是在未来社会的竞争中生存下去的必备能力。对信息保持怀疑，自己进行实际调查，平时养成这种习惯是至关重要的。

作为信息接收方的我们，对媒体报道的信息不能盲目接受，应该去认真检查作者是否对事实进行了独立调查，有没有生搬专家学者的意见。这样的话，你的思路就应该不会被媒体轻易带跑了。

在这一过程中，对待信息的态度是至关重要的。作为信息接收方的我们必须要拥有分析性的视点，对信息进行检查，不能不加判断地原原本本地接受。

训练13　练习——何时为“人”

在犹太教典籍中，有怀孕40天之内允许堕胎的说法。

问题：

请你思考并说明以40天为标准的依据。

对“定义”的思考

因国家不同和宗教差异，堕胎问题一直是个敏感的话题。

本小节把这一问题作为讨论练习，一方面是希望读者能够践行之前所学，勇于拓展讨论范围，“把一切问题都视作讨论的对象”；另一方面，也是希望读者能够把它作为一个单纯的、“关于什么是定义”的讨论话题，暂时减小讨论时所挟带的感情倾向。

的确，这个讨论话题很容易融入个人感情，比如“堕胎的话，婴儿太可怜了”。若是有人继续带着个人感情回应，“婴儿很可怜，因此堕胎不应该被允许”，这样讨论就无法继续进行了。

请允许我重申一次：在讨论这一小节时，请您暂时不使用“可怜”这种夹杂感情色彩的理由。就像讨论其他问题时一样，个人感情不能构成有逻辑的论据。

在犹太民族，女性怀孕 40 天内是允许堕胎的，超过 40 天就不可以了。

根据犹太民族的解释，这样做的依据是对“人”的定义。

犹太人认为，怀孕 40 天内，胎儿还未见手脚，因而尚被视作母体的一部分。既然是母体的一部分，做出怎样的选择就是母亲的自由。

但若超过 40 天，胎儿就不再是母体的一部分，而被定义为一个“人”。因此就不允许再实施那样的行为。

用这种观点来看，在受精卵着床前将其从母体内取出的医疗手段是没有问题的。

但是，罗马天主教会则认为，无论是否超过 40 天，堕胎这一行为都是不被允许的。我推测，原因或许在于罗马天主教会认为卵子在受精的瞬间就形成了与母体不同的生命，从这一刻起胎儿就应该被定义为“人”。

换言之，犹太教与罗马天主教的分歧在于，“人”何时被定义为“人”：是在可见手脚的 40 天之后，还是在卵子受精的那一刻开始？

关于“人”的定义才是堕胎是否应该被允许这一问题的论点吧。

明晰“定义”所指

不擅长逻辑性思考的人，对言语的定义也容易模棱两可。

对言语的定义模棱两可会让人更加感情用事。反过来说，如果能明确定义所指，也就不容易被无谓的感情所左右了。

比如，有个人当着我的面骂“你是个笨蛋”，我肯定会生气。很明显，在这种状况下，被骂“笨蛋”的是我——石角完尔，所以，我会不高兴。

但如果有人对我说“日本人不会逻辑思考”，我不会感到不高兴。因为我不认为他在特指我自己。

这种区别在于，我们是否明确感受到了对方的“定义”所指。如果感到“定义”跟自己有关，就容易感情用事，反之则不然。

犹太人对此有清晰的认识。他们首先会思考言语的定义，明确对方到底指的是什么，然后再决定做出什么样的情绪反应。

以上面的例子为例，当被人指责“日本怎样怎样”“日本人怎样怎样”时，首先要质问对方，对“日本”和“日本人”是怎样定义的，为什么要说那样的话。

只有明确对方的定义，才能往下继续对话。

如果定义模棱两可，就完全失去了讨论的意义。

如果因为“会错意”而带着情绪来处理事情，思考就会受到影响，要么无法进一步深入，要么甚至会走到相反的方向。这样非但不能做出正确的判断，反而会在潮流中迷失最初的方向。

言语的定义明确了，讨论的标准也就明确了。

Lesson 5

抛弃"这也想要那也想要"的想法——明确自己的立场

训练 14　问题

你正在参加和犹太人的商务会议。会议上，一个犹太人从附近评价不错的咖啡店买来一杯咖啡请你喝。

会议快结束的时候，关于买咖啡的钱，犹太人说出了让人非常吃惊的话。但仔细一想，这确实是犹太人会说出的话。

问题：

这个犹太人究竟说了什么呢?

投资与回报的视点

我与犹太人进行商务谈判时，真的听过犹太人对我说这样的话：“这杯咖啡的钱我替你付了。那么，我能从你那里得到什么回报呢？”

如果是日本人听到这话，恐怕会想：“这个人真厚颜无耻啊！”

在日本人看来，请客人喝咖啡是理所当然的事情，一杯咖啡的钱不足挂齿。更何况，相比一笔大交易而言，区区一杯咖啡的钱实在是微不足道。

但是，犹太人不这么认为。

假如一杯咖啡的价格是30元的话，犹太人希望通过这次会议赚得100元左右。

他们对短期利益的追求始终如一。

犹太人十分看重“在现在这个瞬间”可以获得多少利益。假如在一个小时的会议中没有任何收获，恐怕他们接下来就不打算跟你见面了。他们似乎不太考虑未来的事情，比如今天支付的30元咖啡钱，三年后可能转化为600万元的交易，等等。

“我在哪里能赚到钱？”在赚钱这一点上，犹太人的立场很明确。

在下面的故事中，这一点也体现得淋漓尽致。

训练 15　练习——拿破仑与鲱鱼的故事

据说，拿破仑征服欧洲后，对各个国家的归顺者说：“我会给你们赏赐，想要什么尽管开口。”

法国人说：“我想要葡萄园和葡萄酒工厂。”

德国人说：“我想要麦田和啤酒工厂。”

意大利人说：“我想要小麦田和能生产美味意大利面的工厂。”

犹太人说：“我只想要两条鲱鱼。”

其他国家的人听后嘲笑道：“拿破仑大人特意要赏赐我们，你们却要那么不起眼的东西。犹太人真是傻瓜呀！”

问题：

故事中的犹太人为什么只要两条鲱鱼作为赏赐？

目的是得到切实的成果

拿破仑征服欧洲虽然是 19 世纪初的事情，但是其霸主的名号仍然频频出现在犹太民族的故事中。

两条鲱鱼真的是非常简单的要求。其他国家的人们认为，既然是拿破仑给予的赏赐，那就可以不用抑制自己的欲望，如实提出自己的要求。

对于这样的想法，我也表示赞同。

但是，故事到这里还没有结束。

两条鲱鱼的简单愿望立刻就被兑现，犹太人带着鲱鱼回到了家中。然而，其他人的巨大愿望却迟迟没有实现。拿破仑虽然做出了承诺，但不久之后，他就遭遇了惨败，曾经许下的诺言也就不了了之。

其他国家的人最终什么也没得到。

不贪得无厌，从立刻就能实现的小事情开始，一步一步地朝着大目标实践。最终，只有这样的犹太人得到了赏赐品。

犹太人的这种特点可以说是在长期饱受苦难的历史中磨炼出的生存智慧。

为了民族的生存，必须要有金钱，以换取日常所需。财富就是微小利益的不断累积。企图一攫千金，最终就会什么也得不到。

即使被当作傻瓜嘲笑，也要一点一点地获取日常所需的食物，这对犹太人来说是最重要的事情。

另外，拿破仑的名字出现在故事中，也是为了论证犹太人“权力是变化的东西”的观点吧。

犹太人认为，正是因为现在所处的安定状态是不能长期维持的，所以更应该重视现在这个瞬间能够获取的利益。

明确守备范围

自己所擅长的并且能切实获得利益的部分在哪里？

对于这个范围，犹太人是十分明确的。

如前所说，犹太人对短期利益的追求始终如一。

以色列的初创企业很多，光在纳斯达克上市的企业就有70多家，数量仅次于美国。

如果阅读过《创业的国度》（*Start-up Nation*）一书，就会更加明白犹太人擅长创业，是为了在创业中获得短期利益。

对于犹太人来说，只有开发新的商业模式并建立快速成长的企业才能让他们感到乐趣，所以他们专注于创业的部分。这样的立场是明确的。

这一部分的工作完成之后，犹太人就会将企业委托给擅长将事业发展壮大的美国人或其他企业。这一做法与日本企业从企划开发到制造、销售、售后服务全部由自己负责的做法，形成鲜明对比。

明确守备范围，有时也指明确以什么作为自己的核心商业模式。

关于这一点，将亚马逊与乐天做比较是一件很有趣的事情。

亚马逊和乐天二者都是从网上零售起家，但现在两个企业所开展的业务却截然不同。

亚马逊不仅销售书籍和日用品，也使用云技术销售音乐和电影。虽然有的货品是实物的，有的货品是数字虚拟的，但亚马逊确实将其“货物配送”渠道特殊化了。亚马逊甚至还决定，使用自己独特的配送系统将货物配送至月球表面，这一举动可谓是赚足了眼球。

而乐天是一个联合大企业，除乐天市场外，还拥有信用卡、旅行、证券、银行，甚至棒球俱乐部等业务。它的商业模式是通过为乐天会员提供多种多样的服务以达到吸引顾客的目的。这种将各种业务全都纳入麾下的企业形态，在全世界也是非常少见的。

亚马逊实现物流特殊化是因为他们知道“自己以什么赚钱”。在可能的范围内，无论哪里都可以将物品送达。亚马逊对这种核心商业模式是明确的。这也是对公司的强项和商业核心进行充分讨论后的结果。

亚马逊的发展轨迹是“犹太式”的——明确并专注于自己的商业核心。

乐天的发展轨迹是“日本式”的——不断进行企业收购，扩展各项业务。

像乐天这样不断扩展业务，最终发展成互联网金融公司，这也是一种生存方式。但若是这样，为何不一开始就致力于互联网金融？绕路是对时间和经营资源的浪费。

犹太人创业的目的和守备范围是明确的。创业——将企业在短期内卖掉——以此为本钱再次创业，这种模式很“犹太”。

训练 16　练习——魔法石榴

从前，有三个兄弟一同生活在一个小村庄里。他们长大成人后，决定用十年时间去各地修行。老大动身去了东部，老二去了西部，老三去了南部。他们出发前一起许下誓言，十年后在这个家里再相见。到时候，要把这十年间发现的最不可思议的东西带回来。

老大来到了东部。他从一个游客手里买下一个特别的玻璃杯，透过这个杯子，就可以看到全世界的任意角落。虽然不知道两个弟弟会带什么东西回来，但在老大心中，这个玻璃杯就是世界上最不可思议的东西。

老二来到了西部。他在一个小镇上遇到个卖绒毯的商人，正当他向商人询问绒毯的价格时，不可思议的事情发生了：那条绒毯竟然自己动了起来。

老二惊讶地问卖绒毯的商人：“该不会是绒毯下面藏有老鼠之类的东西吧？”

卖绒毯的商人神秘兮兮地回答道：“你有所不知，这条绒毯是有生命的。乘坐这条绒毯就可以飞向任何地方，速度比鸟还快。如果你现在不买，绒毯很快就会被卖掉的。”

老二认定，这条绒毯就是世界上最不可思议的东西。于是，他花高价买下了这条绒毯。

老三来到了南部。他不停地向南走，直到走进了一片森林。在森林深处，一棵石榴树映入了他的眼帘。那棵石榴树上开满了石榴花，却只结了一个石榴。如果伸手去摘那个石榴，它就会自己掉落到手掌中。然后不可思议的事情又发生了，树上盛开的石榴花突然结出了满树通红的熟石榴。

“这棵树就是世界上最不可思议的东西，我把这棵树带回家吧。”

老三刚在心里这么想，石榴树就突然消失不见了。老三急忙摊开掌心，看到石榴并没有消失，还留在手中。老三确信这个石榴就是世界上最不可思议的东西，于是把它带回了家中。

十年后，三兄弟在家中相聚，给对方看各自带回的东西。

他们一起观看那个能看到全世界各个角落的玻璃杯。这时，一个得了重病、卧床不起的公主映入了眼帘。她的国王父亲在一旁不停流泪：“谁能治好我的女儿？再不快点治疗，我的女儿就要死了。”

看到国王悲伤的样子，三兄弟急忙乘着魔法绒毯飞到了公主身边。

老三对国王说：“吃了这个魔法石榴，公主的病肯定会好的。”

老三将石榴切开，送给了公主一半。一口、两口……公主吃了石榴后，脸上的气色逐渐好转。吃完半个石榴后，之前连站都站不起来的公主竟然可以迈开腿走路了。

国王非常感激，对三兄弟说道：“多亏了你们三兄弟，公主才能从重病中恢复过来。无论是你们中的哪一个，都可以和公主结婚。你们三兄弟商量一下，决定谁和公主结婚吧。”

这时，公主说道：“这是我的婚姻，请让我自己提问吧。”

公主首先问老大：“你通过那个能看到全世界各个角落的玻璃杯，发现我得了重病。现在，那个类似望远镜的杯子还保持着原来的样子吗？”

老大说：“是的，完全没变。”

公主听了，点点头，又问老二：“你们兄弟乘着魔法绒毯迅速赶到这里，现在，那条绒毯还能在天空中飞翔吗？”

老二说：“是的，还和原来一模一样，没有任何损坏，还能在天空中飞翔。”

公主听了，点点头，又问老三：“吃了你的魔法石榴，我的病就好了。现在，那个石榴还和以前一样吗？”

老三说：“不一样了。因为您吃了一半，现在只剩下另一半了。”

问题：

三兄弟中，公主选了谁作为结婚对象？

不会什么都得到

这是犹太母亲经常在家里给孩子讲的故事。

母亲会先让孩子思考答案，然后让孩子解释得出这个答案的原因。

我们先从结论开始说起。

被公主选为结婚对象的是老三，因为只有他为公主失去了重要的东西。这个故事传达的犹太教义是“没有付出就没有收获”（No pain，no gain）。

在犹太民族的传说中，先知摩西带领犹太人逃离埃及时，也是做出了巨大的牺牲才得以到达迦南。刚刚提到的教义就是那时得到的教训。扔掉不能携带的所有财产——钱财也好，住所也罢，把它们全部舍弃，只穿着一身行头就逃出来，然后在旷野中流浪了四十年。犹太人在付出了巨大的代价后，终于到达了约定之地——迦南。

如果没有任何失去，也就无法获得成功。

失去的越多，得到的也就越多。

失去的时机也是很重要的，并不是在知道自己能够获利的前提下才舍弃，而是一开始就将重要的东西舍弃，这是犹太典籍教给我们的道理。

老三将一半石榴分给公主，并不是因为预先知道这样做能和公主结婚，而是为了挽救公主的性命。

一开始就将重要的东西舍弃，象征着未来道路的拓宽。犹太人是这样认为的。

对“选择”和“专注”的思考

有失去才会有收获。

在第三课中介绍过的安迪·葛洛夫很好地践行了这句话。

英特尔能有现在的成功，是因为它从曾经的核心事业——内存业务中撤出，将重心转移到了 CPU 事业。

与此相对的是，也有因为没能舍弃重要的业务而导致业绩下滑、被迫倒闭的企业。柯达就是这样的例子。曾经在胶片界处于领先地位的柯达，由于过分拘泥于胶片业务，未能及时赶上数字化潮流，导致最终失去一切，宣布破产。

难以舍弃过去的成绩和荣誉，这也是日本企业的通病。曾经席卷世界市场的日本家电制造商，也是由于没能舍弃市场竞争激烈的核心业务领域（电视机、半导体、液晶显示屏等），导致经营恶化，赤字不断。

没有牺牲就没有成功，犹太教的这一教义在现代商业中也是通用的。

对于人生，这一教义也有着重要的意义。虽然犹太教的戒律对饮食和日常生活中的禁忌做了严格的规定，但正是通过遵守诸多的禁忌，犹太人才获得了幸福的人生。

犹太人一生中的五个禁忌事项是“贪欲”“懒惰”“放荡”“不养生”“虚伪”。

遗憾的是，很多现代人都符合这五点。

喝高级的红酒，享受奢华的食物……看似丰富的生活，实际上是不养生的，会损害健康，缩短寿命。如果总是沉迷于高尔夫球等娱乐中，思考就会自动停止，脑细胞也会逐渐退化。

犹太人认为，粗茶淡饭就能使生活过得十分精彩。即使不在高档酒店吃奢华的食物，只要有干净的桌布和两个烛台，加上犹太人自己酿造的红酒和少许食物就很好了。即使不花钱出去游玩，在犹太教堂这样简单朴素的建筑物中学习和讨论典籍，也能产生丰富的思考。

犹太人有着严格的饮食戒律，这是因为犹太人切身体会到，“人生存的目的不是为了享受美味的食物。”

生存在这个世界上的意义不在于吃，而在于通过对典籍的学习，充分了解神明将犹太民族派到这个世界上的使命，并按照犹太教的教义过有意义的生活。

如果想过好那样的人生，就必须要舍弃会对其产生阻碍的习惯和思考方式。

想一想，你自己又是怎么样的呢？

你是否在不知不觉中积攒着妨碍你幸福的东西呢？

若想获得幸福和成功，首先要学会放弃。

认识到这一点之后，再重新检视自己的生活，是否已经有所变化了呢？

三维的取舍选择

对于犹太人来说，在处理事情之前，先对事情的重要程度进行排序，这是非常必要的步骤。

但日本人似乎并不善于对各种事务的重要性进行排序。很多人无论大小轻重，什么都不愿意舍弃。

找到应该舍弃的东西，这在日本叫作“取舍选择”。日本人是怎样做取舍选择的呢？

将全部物品都放在桌子上，然后选择出要舍弃的东西和要保留的东西。

因为物品全部摆放在桌子这样的平面上，所以日本人的取舍选择是二维的。

与日本人不同，犹太人的取舍选择是三维的，他们加入了时间轴。

二者的比较如下图所示：

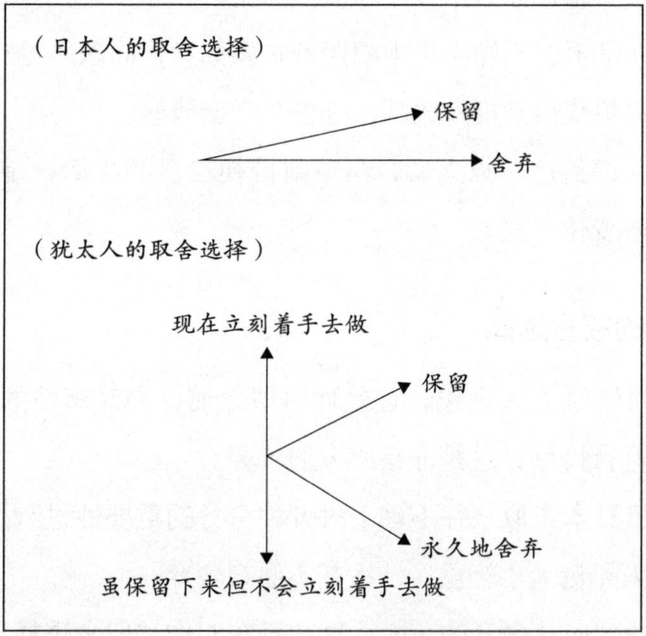

犹太人会做出“只把现在立刻要做的东西取出”这样的集中性选择。而日本人所进行的是二维的取舍，他们会

把所有东西都留下来进行分散选择。

犹太人的做法是将时间轴插入选择中，按时间轴排序。如果现在立刻要做的事情失败了，就开始做保留下来但不会立刻着手去做的事情；这件事也失败时，就做保留下来的其他事情；如果还失败的话，就什么也不做了。

松下幸之助说过：“只要朝着目标不断努力，无论什么事情都会取得成功。”即便日本人把时间轴加入取舍选择中，这时间未免也太长了。

如果见不到成效，犹太人坚持两年就会放弃，而日本人则会忍耐二十年。这样就真的变成了“只要不成功就绝不放弃”。

Lesson 6

聚焦“为什么”

训练17　问题

下面列举的两项技术，你认为哪种是创新的呢？请说明你的理由。

A. 可将打印出来的文件送到办公桌的机器人打印机。

B. 通过眼泪测量血糖值的智能隐形眼镜。

是创新，还是自我满足

最近，机器人打印机成了我和犹太邻居之间的讨论话题。

使用该打印机时，当计算机发出打印指示时，机器人打印机就会自己行走，将文件打印出来并送到办公桌前。该打印机是由日本某制造商开发的，据说能防止他人看到文件，是它的一大优势。

日本人认为，机器人将打印出的文件送到办公桌前，这样做很方便，所以日本的技术人员才沉迷于此类技术的研发。

但是在美国，人们不会把这样的机器人列入开发清单。打印出来的东西到公用打印机去取就好了，这是大家的共同认知。

犹太邻居对我说：“日本就热衷于面向其本国特殊市场的技术研发，这类技术都缺乏普遍性，不过是自我满足罢了。”

这就是日本的技术研发被戏称为“为了技术的技术”的原因。

而 B 选项中的智能隐形眼镜将血糖值的测量方式变成“可佩戴”式,能对糖尿病患者的日常生活起到很大的帮助。此项技术由谷歌研发。

迄今为止，血糖值的测量都需取血，不仅繁琐，有时还会伴有痛苦。血糖测量后若不注意调养身体，情况严重的甚至会危及生命。

智能隐形眼镜减轻了测量的痛苦和风险，是一项划时代的技术。它的传感器通过实时测量泪液，对血糖值进行监测。

在我执笔本书的 2015 年 2 月，瑞士制药企业诺华公司拿到了这项技术的许可权，正在对其进行商品化开发。如果这项技术能在生活中得到应用，将极大地提高糖尿病患者的生活品质，成为一项不可缺少的技术。

相比之下，机器人打印机和智能隐形眼镜，哪个才是具有普遍意义的创新性技术，答案就不言而喻了。

与其将精力放到机器人打印机这样容易让人陷入自我满足的技术研发中，不如放在能对人类日常生活产生良好影响的创造性的技术研发中。

进行对人类日常生活产生影响力的技术革新

以以色列企业研发的 ReWalk 机器人为例。

说起机器人，原本走在世界前列的本田公司的阿西莫机器人被广泛知晓，但如今，却很难听到阿西莫被应用到对人类有益的事业中去的消息。

从人工智能的角度来说，作为机器人，ReWalk 是远不及阿西莫的。但 ReWalk 却给下肢瘫痪的患者带来福音，使他们从轮椅中解放出来，实现站立和行走。

而阿西莫呢？它能让长期卧床的患者在变换姿势时不使床移动吗？它能从气管切口处插入软管将痰吸出吗？

阿西莫如果不能像 ReWalk 那样取得美国食品药品监督局的许可的话，就不能作为治疗器材，成为下肢瘫痪患者的代步机器人。

原本，阿西莫是以接近人类为开发目标在不断改进的，但总是难以摆脱"为了技术"而开发的意味。与之相对的是，ReWalk 最初就是以下肢瘫痪患者的代步机器人为特定目的而开发的。

该企业也是简单明确的"犹太式"企业，已经在纳斯达克上市。整个企业开发的概念就集中在一点上，"把人从轮椅中解放"。

追求"根本价值"的犹太人

犹太人注重根本的、普遍的价值，我认为，这跟他们平时的思考习惯密不可分。

例如，在犹太人的膳食法令中，对犹太人可以食用和不可以食用的食物做了详细的规定。但是，即便典籍上写着"×× 禁止食用"，犹太人也会思考"为什么"。

犹太人禁止食用的食物有猪肉、虾、牡蛎、章鱼、乌贼等许多种。光就允许食用的牛肉来说，也有很多细微的条件，比如对屠宰方式有详细的规定。

但是典籍中并没有明确记载如此制定膳食法令的原因，只是列出了可食用和不可食用的食品清单。

尽管从世界范围来看，近几年来，提供符合犹太教饮食规定的飞机餐的权利已经得到了普遍认可。但在犹太人偏少的日本，还是几乎不提供专为犹太教徒定制的飞机餐。

在这样的情况下，遵守犹太教的饮食戒律就变得十分困难。即便如此，包括我在内的虔诚的犹太教徒还是会把它当作一种绝对的规则来遵守。

但犹太人不是盲目地遵守。

他们会思考典籍上记载“牡蛎、虾、乌贼、章鱼、海参、鱼翅、甲鱼、鹿、野猪、熊等不可食用”的原因是什么。

犹太人思考的本质在于“为什么”

思考归思考，不论思考的结果如何，犹太人都必须遵守膳食法令。对于犹太人来说，典籍上记载的东西就是绝对真理。

既然如此，思考和讨论还有什么意义呢？你或许会产生这样的疑问。

既然讨论也并不会改变结果，为什么还要进行讨论呢？老老实实地遵守戒律不就好了吗？

一个日本人曾经问我：“讨论早已有答案的事情，还有意思吗？”

我回答：“有意思。”

那人又问：“讨论早已有答案的事情，犹太人这么做究竟是为了什么呢？”

犹太人这么做，为的不是答案，而是讨论本身。

讨论的过程就是讨论的目的。

这也是我的犹太教老师对我的教诲。犹太教的本质就是询问“为什么”。对一切事物怀有疑问，询问“为什么”，这一点在犹太教备受重视。

“神是存在的，不用怀疑，相信就好。”像这样盲目深信的人并不能真正理解“神”的存在。犹太人认为，不问“为什么”，不讨论原因，是不能接近“神”存在的本质的。

盲目信奉者和狂热信奉者都不能成为犹太教徒。

“为什么”引导我们接近根本价值

例如，犹太典籍上记载，亚当是神“照着我们（神）

的形象创造的”。

读到这里，犹太人就要发问了：

为什么神要创造与自己形象相似的人类呢？

神造的犬类不似神，那么犬类之于神又是怎样的一种存在？与人类有何不同？

对于与自己形象相似的人类，神有什么期待吗？

这是在犹太人知晓自己被创造得与神相似这一事实后，为了确认自身存在的意义而进行的讨论。

对于这一讨论，犹太典籍中还记录了下面这样的观点：

神创造了与自己相似的人类，是期望人类能体现神的意志。

如果真是这样，人类该如何生存？

为了体现神的意志，我们人类应首先学习具有普遍性的道德准则吧。

至此，犹太人又展开了对道德的思考：

何为具有普遍性的道德？

犹太人与其他国家的人的道德有何不同？

道德和伦理有何区别？

道德准则应该由谁来制定，是人类还是神明？

如果道德准则由人类制定，具体该由哪个机构制定呢？

万一人类制定的道德准则与神的意志不符，人类要遵守哪一个呢？

……

日本人可能对神明抱有十分慈悲的印象，但犹太人的神却不总是十分慈悲的。在犹太民族的传说中，神曾经用火烧毁了满是恶人的塞多姆和蛾摩拉两座城市；在挪亚方舟的故事中，神还曾引发大洪水，令数万人溺水而死。

在这些传说中，神给人的印象是“不遵从神的旨意，就会被毫不留情地惩罚”。这样残酷的神，究竟是怎样的一种存在？仅仅捕捉到神残酷的一面，就算理解神所作所为的真正意图了吗？

犹太人又开始了思考：

为什么神要惩罚不遵从教义的人类呢？

一种观点认为，“人类是神创造的，所以令其生存还是灭亡都取决于神的意志。”

这种观点也可以从另一角度进行阐释。

“令谁生存只有神才能决定。”在神面前，人的生命都是同等重要的。这样，人类就不能互相比较生命的重要性。

换言之，人类不能任意决定“A 的生命重于泰山，B 的生命轻如鸿毛”。

因此，在犹太民族，杀人和自杀都是不被允许的。犹太人视自杀为犯罪，就是基于对典籍的这种解读。

讨论到这里还没有停止。

杀人是绝对不被允许的，那死刑也不被允许吗？

因自卫而误杀攻击者会被允许吗？

为绝症患者实施安乐死会被允许吗？

母体面临危险时，堕胎会被允许吗？

……

像这样，犹太人对超出人类预估的“神”的行为——大多数是自然现象，有时是超常现象和犹太人曾遭受的残酷境遇——提出“为什么”,反复地思考“人类是什么”“人类生存的意义是什么”“这个世界是什么”。

可以说，问“为什么”的习惯孕育了犹太人追求根本价值的性格。

那么，犹太人都抱有怎样的疑问，又是怎么理解其存在的呢？

让我们来看一下第二课中介绍的关于《希伯来圣经》的讨论的后续部分，来观察一下犹太人思考的流程。

训练 18　练习——光明的世界和黑暗的世界

（引自《希伯来圣经·创世纪》）

英文：1:3 And the God said: “Let there be light.” And there was light.

1:4 And God, looking on the light, saw that it was good, and God made a division between the light and the dark.

1:5 Naming the light, Day, and the dark, Night. And there was evening and there was morning, the first day.

中文：1:3　神说：“要有光。”就有了光。

1:4　神看光是好的，就把光与暗分开了。

1:5　神称光为昼，称暗为夜。有晚上，有早晨，这是头一日。

问题：

神为什么要把光明和黑暗区分开呢？

彻底而深入地思考“为什么”

“光明”和“黑暗”是我们理解神创造的这个世界的关键词。光明和黑暗象征了什么？希望你思考一下这个问题的答案。

《希伯来圣经》中的故事都是充满隐喻的。那么，这个故事想要表达何种寓意呢？

神为什么要区分光明和黑暗？

假如不对光明和黑暗进行区分，使之混合为一体，创造出一个如月夜般光影朦胧的世界不可以吗？神将光与暗变成“混合物”而不分开应该也是可以的。

在犹太教的另一典籍《塔木德》中，同样进行着关于这个问题的激烈讨论。

一种观点认为，光明和黑暗之所以被分开，是因为它们是彼此对立的事物。因此，神才对二者进行了区分。

那么，光明和黑暗所象征的“对立的事物”可能是什么呢？

《塔木德》中的这个观点比较有说服力——“光明（light）”象征着“正确（right）”，代表着善和正义；而“黑暗（dark）”则意味着“恶”。

善和恶、正义和非正义、慈悲和残忍，双方彼此对立，绝不相容。因此，才会被神有区别地创造出来。

神为什么要区分光明和黑暗？从这一问题中，我们能获得一种认知。那就是，神在创造光明和黑暗的同时也创造了善和恶、正义和非正义、慈悲和残忍。这是我们理解神创造的这个世界的第一步。

再进一步来看一下。

1:4 And God, looking on the light, saw that it was good, and God made a division between the light and the dark.

（1:4 神看光是好的，就把光与暗分开了。）

典籍上写道，神看见光（善）后，说“它是好的（it was good）”，但是面对暗（恶）却没有说“它是好的（it was good）”。也就是说，神并没有认可“恶”的存在。

既然如此，为什么还要留下恶呢？神并不认可恶的存在，却将恶留在世上，并没有创造出一个仅存善的世界，这样做难道不矛盾吗？

一种有说服力的观点是：“如果把人类放在仅存善的世界，就会变得不知何为恶。为了教育人类‘何为善’，神才故意留下了恶。”

仔细阅读第三节和第四节，犹太人又会进一步提出问题。

1:3 And the God said: “Let there be light.” And there was light.

1:4 And God, looking on the light, saw that it was good, and God made a division between the light and the dark.

（1:3 神说：“要有光。”就有了光。

1:4 神看光是好的，就把光与暗分开了。）

神说：“要有光。”于是就创造了光明，但是神没有说“要有黑暗”。犹太人将之解读为：神不是有意创造黑暗的。

那么，黑暗又是如何产生的呢？

对此，一种观点认为：“神在创造光的时候，光没有照射到的地方就产生了黑暗。”就是说，黑暗是在光没有照射到的地方自然产生的。因为有了光明，所以才显现出了黑暗；也可以反过来说，因为有了黑暗，所以有了光明。光明和黑暗是对立统一的整体。

善与恶、正义与非正义、慈悲与残忍也是如此。许多相对的事物组合在一起，形成了这个世界。

犹太人就是这样进行讨论的。这些讨论让他们明白，“善”和“恶”是成对出现在这个世界上的。

神没有认可恶的存在，却把它留下了，这样做必然有某些原因。

讨论和思考让犹太人距离这个世界的真相又近了一步。

讨论继续。1:5 是神创造第一日的场景。

1:5 Naming the light, Day, and the dark, Night. And there was evening and there was morning, the first day.

（1:5 神称光为昼，称暗为夜。有晚上，有早晨，这是头一日。）

典籍上写道，神把光明和黑暗分别称作“昼”和“夜”，创造了第一日。换言之，神让一日之中同时存在“光明的世界”和“黑暗的世界”，这是为什么呢？

神完全可以将光明和黑暗区分开来，让它们成为不同的日子，比如“光明的一天”和“黑暗的一天”；或者，一年的 365 天中，有 183 天是光明的，另外 182 天是黑暗的，应该也可以。

但是，神为什么没有那样做呢？

这就涉及我们如何理解善恶关系的问题了。在挪亚方舟的故事中，也存在类似的疑问，我们来看一下。

训练 19　练习——挪亚方舟的故事

由于世界遍布着恶，神发怒了，要在地上发起大洪水。神让挪亚造了一艘巨大的方舟，然后让男人和女人，还有雌雄成对的动物登上了方舟。

这时，“善”也为乘方舟匆匆赶来。

但是，神拒绝了“善”的乘船请求。神说：“只有成对的事物才可以登上方舟。”

“善”听后，带来了另一个“善”。

神摇摇头：“善和善不是成对的。”再次拒绝了“善”的乘船请求。

迫不得已，“善”只好带来了“恶”。

神见它们牵手而来，点点头，说：“好。”允许了它们一同乘坐方舟。

问题：

这个故事告诉我们，“善”与“恶”的关系是怎样的？

彻底思考“为什么”后能预见的事物

只有成对的事物才能够乘坐挪亚方舟。因此，善与恶、苦与乐、药与毒、福与祸、富与贫成对地登了上来。

互相矛盾的两种事物在世间的存在形态，不是各自独立的，而是经常一同出现的。

“善”去乘坐方舟曾一度遭到拒绝，只有把“恶”带来才得以通过。这里的重点是，“善”与“恶”牵手而来。

仅仅说善与恶存在于这个世界上，这种表达是不充分的。它们是以“手牵手”的状态存在着。或者说，善与恶是处于互为表里的密切关系中。

善与恶虽然是不同的事物，却同住在一起。一个人也可以有“善人”和“恶人”两副面孔，这就是不同事物在这个世界上的并存形态。

在此基础上，犹太人会进一步思考神创造善与恶的原因。

关于神的意图，我们能在“伊甸园”的故事里得到启发。

在伊甸园中，亚当和夏娃偷食了禁果之后，变得能够区分善恶。也可以理解为，神令能区分善恶的人类居住在善恶共存的世界上，并给予他们选择的自由。人类既有选择善的自由，也有选择恶的自由。选择恶的话，就违背了神的期待。但是，神也给予了人类违背神的期待的自由。

对于神来说，创造一个仅存善的世界是非常简单的。为什么神要特意创造一个善恶并存的世界，并采取“如何选择是人类的自由”这样中立的立场呢？

犹太教典籍给了人们答案。

如果世间只有善，那么所有人都会品行端正，世间就没有轻浮的人了，轻浮本身就不存在了。

如果人有选择轻浮的自由，当面临选择时，人的内心就会产生矛盾。虽有选择轻浮的自由，却战胜矛盾选择不轻浮的人，我们才会评价“那个人很优秀”。

虽然给予人类选择善恶的自由，神还是期待人类选择善。神让人类居住在一个善恶共存的世界，却期待人类自己来创造神所期待的世界。

这样做或许是因为神相信人类能够自己区分明亮的善和黑暗的恶。

问“为什么”而非“怎样”

正如我们目前所看到的那样，通过问“为什么”能一步步接近事物的本质和根源，这是犹太人的提问方式。这种方式是偏向于宗教和哲学的。

而问“怎样”是偏向于科学的提问方式。例如，“宇宙大爆炸是怎样发生的？”想要解释清楚爆炸发生的原因，就要运用很多科学知识；而“宇宙大爆炸为什么会发生”，答案可能有许多种，其中多半是偏宗教和哲学的。

以本章开头提到的机器人打印机和智能隐形眼镜为例。日本人在对“怎样做”进行一番追根究底的思考后，制造出来的是机器人打印机。它仅仅是为了追求打印机使用者的便利而被制造出来的机器人。这种追求却是过度追求——打印机有此功能可能很方便，没有的话也不会给使用者带来任何困扰。

而智能隐形眼镜是在提问“为什么”之后被开发出来的产品。鉴于测量血糖值时必须用到血液的现状，研发者提出了这样的问题：“为什么必须要用血液？”“除血液之外，是否还有其他测量血糖值的方法？”“是否有更加轻松的测量血糖值的方法？”

正是通过提问“为什么”，研发人员才更加了解糖尿病患者的真正需要，才能研发出病患们生活中必不可少的技术产品。

为了发现事物的根本价值，平时养成问“为什么”的习惯是必要的。

例如，“为什么一日三餐对健康有益呢？”“为什么癌症需要化学治疗呢？”“为什么喝牛奶有利于预防骨质疏松呢？”……对这些人们不曾怀疑就接受的常识和发生在身边的事情，多问问“为什么”，这样，我们就能慢慢发现从事物表面不能窥见的本质了。

“为什么”思考引导我们走向本质

问“为什么”的这种思考方式适用于所有范围和领域。

以我从事的律师行业为例。日本国会制定的法律超过了几万条。与其把那些法律条文全部背诵下来，不如问一问“法律为何存在”“法律指向的正义是什么”等法律哲学问题，这样更能有助于成为一名优秀的律师。从实际工作来看，理解了法律哲学的律师与那些拼命背诵数万条法律条文的律师相比，前者的书面准备更优秀，多半能够取得最终辩论的胜利。

这是因为学习法律哲学更能抓住法律的本质。

法律的本质是不会随着时间的流逝而改变的，而几万条的法律条文却在一天天变化，想要将其一一记住也是要耗费大量精力的。

因此，重要的是学会抓住事物的本质。学到法律的本质，成为日本顶尖的律师便不是梦。

在商学院，这个道理也是相同的。

要想把东西卖给别人，重点不在于思考“怎样卖”，而是要思考“人为什么要买”。这样思考，必然就会一步步摸索到“人是什么”的本质论上去。

但是在现实中，商学院教授的多半是“如何把东西卖给别人”这种实用指南，并没有让学生学会探讨“人是什么”。

如果对“人”没有深刻的了解，就很难把东西卖给别人。

说到底，学会“怎样做”的技术只是皮毛，抓住“为什么”的本质才是核心。

Lesson 7

从其他维度观察事物

训练 20　问题

一个苹果从树上掉落下来。

看到这一情景，你会思考什么呢？

牛顿，站在哥白尼的肩膀上更进一步

看到苹果从树上掉落，英国人牛顿思考的是“苹果为什么会掉落”。

日本人联想到的是秋的孤寂、世界的无常和生命的脆弱。

而犹太人思考的是，“为什么苹果没被吸附到天空中，而是朝着地面坠落呢？”

他们的思考角度是翻转过来的。

再举一个例子。哥白尼看到太阳东升西落的情景，思考的是“为什么能看到太阳在空中运动？”

犹太人面对此情此景，思考的是“从银河系来看，太阳和地球的运动轨迹是怎样的？”

犹太人经常从其他角度、其他立场来观察事物，他们的视角不仅仅局限于观察者本身，而是常常与众不同。

从字面上来看，日本人也经常说“必须要多方面地思考问题”，但日本人所说的“多方面地思考”与犹太人所说的“多方面地思考”有着本质的区别。

你知道区别在哪里吗？

日本人所说的“多方面”是指对同一事物从不同角度进行观察，观察主体（人）是不变的。例如，从上面看杯口是圆的，从侧面看杯体是方的。换言之，只有观察事物的主体（人）在不断变换位置。无论怎样变换，视角都是从“人”出发的。

而犹太人所说的“多方面”不仅仅包括常规的主体视角（观察者的视角），还包括客体视角（被观察者的视角）和第三维度视角（将观察者和被观察者都包含在观察范围内的视角）。

例如，“苹果为什么会掉落下来”是主体视角，是从牛顿的角度进行的观察和思考。

“为什么苹果没被吸附到天空中，而是朝着地面坠落呢”是客体视角，是犹太人从苹果的角度进行的观察和思考。

“从银河系来看，太阳和地球的运动轨迹是怎样的呢”是第三维度视角，不是从地球看太阳的运动轨迹，也不是从太阳看地球的运动轨迹，而是跳出这两者，从高于两者的第三维度视角（银河系）来观察和思考。

犹太人更善于从第三维度视角来观察事物。

既不站在自己的立场，也不站在对方的立场，而是将自己置于远离自己和对方的第三维度，从第三维度视角来观察自己和对方。这样就能将自己从自己和对方所处位置的常识、社会规则以及固定概念中解放出来，进行自由的思考。

关于犹太人思考视角中独有的第三维度视角，稍后会结合犹太典籍，进行详细的分析。

逆向思考引发的种种变革

凭借与众不同的思考方式，犹太人创造并引领了各种各样的变革。

以在即将到来的电动汽车时代担任主角的电动汽车为

例，由于其充电时间长而行驶距离短，充电电池费用又提高了汽车本身的价格，所以一直难以普及。以日本人的思考方式来考虑的话，为了使其更加普及，应该把焦点放在“缩短充电时间，延长行驶距离”上，也就是把精力花费在电池性能的改良上。

但犹太人的思考方式完全不同。他们会把充电时间长作为前提，在此之下思考解决办法。

以色列的风险企业思考出替换充电电池的方法。他们在汽车上安装了电池更换台，车主只需取出电用尽的电池，更换上充满电的新电池即可。更换电池的时间只需30秒钟。

电池本来就是电动汽车的一部分。电池可以取出更换并被全社会共同循环使用，使得电动汽车的价格能控制在购买力范围之内。这是一种引导消费者购买充电装置的解决思路。

这也正是转换思考角度的结果。

下面要介绍的另一个产品是可以放入口袋的便携式打印机。使用时，只需把它从口袋里掏出来，放在纸的表面，打印机就会在纸面上自行运动并完成打印。只要有纸，在任何场所都可以打印。由于运动的是打印机本身，所以不拘尺寸，多大开本的纸张都可以打印。

这也是以色列的风险企业开发的产品。

众所周知，打印机一般都占据一定空间，被放在办公室里。犹太人把打印机变成手掌大小，就可以把它带到办公室之外；用小的打印机打印尺寸较大的纸，只需让打印机在纸面上移动就可以了。

这也是转换角度、逆向思考的结果。

“每台电动汽车都使用自己的电池”“打印机是放在办公室里的”，不被这些固化的常识和既有概念束缚，自由地思考，才能为行业带来变革。

那么，犹太人这种自由而灵活的思考能力是如何养成的呢？

为寻“活路”只有思考

犹太人经常阅读写满超现实故事的犹太典籍，对故事的寓意从各方面进行讨论和思考。

这样的阅读习惯使得他们善于打破思考的框架，进行自由思考。

而日本人更倾向于情绪化地把握事物，对思维边界的突破和隐喻的分析并不擅长。

不妨通过下面的练习来尝试一下吧。

训练21 练习——小母牛和黄鼠狼

一头从屠宰场逃到人类家中的小母牛和一只从森林里跑出误入人类家中的成年雄黄鼠狼，这二者你会帮助谁呢？

问题：

犹太典籍中对这个问题的讨论有何寓意？

请回答这个问题，并给出你的理由。

抽象化思考的提示

请参照以下提示进行思考。

提示 1

不要带着“看起来很可怜”这种感情色彩进行判断，也不要总想着“别人会怎么议论我的选择”。这一比喻常用于人怎样从个人情绪、感情倾向和世人的眼光中解放出来。

提示 2

如果把黄鼠狼换成苍蝇，你的答案会改变吗？

提示 3

小母牛和成年雄黄鼠狼分别象征着什么？

小母牛和成年雄黄鼠狼分别对应着哪种上位概念，这些概念是如何得出来的？

提示 4

请思考一下你提供帮助的理由，这样这个问题就容易理解了。

再列举两个犹太人经常讨论的问题。

问题 1

摩西带领着犹太人逃离埃及。来到红海岸边时，奇迹发生了，大海被分成了两半。

“大海被分开”在这里有什么寓意呢？

问题 2

犹太教沿袭了三千多年的饮食戒律中规定，乳制品和肉类不能同食。因此，牛排和抹着黄油的面包是不允许一起吃的，因为黄油是乳制品。

那么，人造黄油如何呢？

自从1869年法国人发明出人造黄油以来，犹太人对这一问题进行了认真的讨论，甚至写入了书里。

“肉食和人造黄油同食”有何寓意？请你思考一下。

绞尽脑汁找寻生路

犹太人数千年来被迫害的不幸经历，是他们培养出如此卓越的思考能力的原因之一。

众所周知，在20世纪，希特勒和纳粹德国制造的大屠杀中竟有600万的犹太人遭到虐杀。

相信世间的所有事情都包含神的意志的犹太人，认为偶然、奇迹、不幸和灾难都存在着某种必然性。他们甚至会思考，神创造了希特勒是出于什么考虑呢？

犹太人认为，即便竭尽人类最大的智慧想方设法去回避，不幸和灾难也同样会发生。犹太人无论遭遇怎样艰难残酷的命运或是陷入穷途末路，都不会想着如何回避苦难，而是会拼命地思考“如何做才能生存下去”。

无论身处任何时代，犹太人一直都在永不言弃地寻求生路。

有一个关于挪亚方舟的笑话，调侃了各国人的反应差异。

如果现在再次遇到席卷一切的大洪水，人们会怎样？

日本人在对佛祖祈祷“让我们来世再见吧”，德国人在担心“如何才能快速地挖出全体国民的墓棺”，意大利人在苦恼“墓穴该怎样设计”，而犹太人在思考“怎样才能活下去”。

即使陷入绝境仍然不放弃，永远保持对未来的希望，永不停止对生存出路的思考，造就了犹太人卓越的思考能力。

困难和制约使思考变灵活

日本人在日常生活中很少遇到九死一生的险境。房间里的温度总是很适宜，吃穿用度也没有什么不方便。平稳的生活就像一直以来都理所当然似的。

习惯了这种安逸生活的日本人，思考能力退化，失去思考的灵活性也不是不可能的。如果没有在绝境中拼命寻求生路的经验，就很难产生逆向的思考。

居住在以色列的犹太人与日本人一样生活富裕，但他们经常会在日常生活中进行关于苦难的模拟体验。

犹太教的诸多典籍是古代犹太人得以从不幸和灾难中生存下来的经验宝库。

每天，犹太人都会对典籍进行学习和讨论。他们不间断地体验着祖先曾经面临的悲剧和遭受的困难，并且不断思考着自己会如何克服这样的困难。犹太人就这样持续地锻炼着自己的思考能力。

另一个对犹太人的思考方式产生重大影响的是宗教戒律。犹太教教典中对饮食和许多日常行为做出了规定。不仅不能吃的东西数目是普通人的几倍，不能做的和不得不做的事情也是普通人的几倍。

在普通人看来，所谓戒律，就是从生活中夺走自由和舒适的脚镣般的事物。

犹太人也有不遵守戒律的自由，打破戒律也不会被惩罚。但是，犹太人还是会选择遵守戒律。

然后在受到戒律制约的前提下，思考如何才能取得商业上的成功，并使利益不断扩大，最终还有利于社会。

犹太人就是这样一直锻炼大脑的灵活性的。

制约中产生的商业模式

现代商业中产生的许多商业模式恰恰源自戒律。

以安息日为例，安息日绝对不能工作，这是犹太教的戒律。

但某些服务行业如果安息日不工作的话，就可能会被竞争对手抢走客源。这时，该怎么办呢？

戒律（制约）产生了劳务派遣的商业模式。

犹太人经营的酒店为了能够随时接待客人，在安息日会雇用非犹太教徒来工作。

安息日是否可以收取利息，从这一讨论中衍生出来的是“日利率”的概念。利息若以年和月为单位，那么安息日也要收取利息，这样做是违反戒律的（犹太教原则上禁止收取利息，但从异教徒处收取利息是作为例外被认可的）。因此，改为按日利率计算，这样安息日就可以不用收取利息了。

在日本普遍采取的按日利率计算的利息，是由古代犹太人制定，经过西方国家传到日本的。

由此我们不难发现，虽然宗教戒律给犹太人带来很多限制，但在这些限制下思考解决方案，大大提高了犹太人思考的灵活性。

戒律（制约）产生了效率。

过着充满戒律的生活，一天三次祈祷，甚至一周有两天绝对禁止工作（星期五的傍晚和星期六一整天）。那么犹太人究竟是何时工作的呢？

在工作时间短的前提下，追求效率就成了必然，因此，计算机化、IT化、云计算化变得必不可少。犹太人把需要依靠人力的客服中心、技术支持、后台办公等工作都外包给了其他人。如此一来，犹太人便可以把精力放在最耗费脑力的创业、方案策划和经营战略上。

戒律（制约）产生了收入。

犹太人遵循着严格的膳食法令。正因为它的严格，所以普遍被大家认为犹太餐食是“有机的、安全的”。因此，许多来自食品公司的犹太餐认证请求纷至沓来，认证费用成为犹太教神职人员重要的收入来源。

训练22　练习——选择安息日还是就职

一个犹太青年大学毕业了。但在经济不景气的社会环境下，一时很难找到工作。4个月内，他应聘了近1000家企业，最后终于得到了一家制药公司的录用通知。

大学四年间，为青年付出了70多万元学费的父母看到录用通知后，格外高兴。

但是公司要求，星期六也要出勤。星期六是犹太人的安息日，按规定是不可以工作的。

问题：

如果你是这位犹太青年，是选择就职还是放弃这次录用机会呢？

如何做到“鱼和熊掌兼得”

对于犹太人来说，安息日绝对不可以工作的。在安息日工作，就等于放弃了犹太人的身份。

但在经济不景气的情况下，得到一份相对满意的录用通知是很不容易的。这是犹太青年花费了 4 个月时间，应聘了近 1000 家企业才得到的。如果拒绝的话，再找个新的工作很困难，而且对给自己投入了 70 多万元学费的父母也无法交代。

可能有读者会说，向公司说明事实，获得理解就好了。

尝试去跟公司交涉是可以的，但即便交涉了也不被接受的话，又该怎么办呢？

是选择犹太人的身份，还是选择就职呢？夹在两者恰好相反的制约条件中间，穷途末路，说的就是这种情形吧。

下面是犹太学生和犹太教神职人员商讨此事的真实情景。

学生问：“我该怎么办？”

神职人员并未直接给出“这样做”或“那样做”的回答，而是与学生进行了讨论。

最后，犹太学生得出了这样的答案：暂且就职于现在的公司，同时尽快找到安息日能够休息的工作，一找到就马上跳槽。这样，犹太人的身份和就职二者都不必放弃了。虽然一段时间内会违反犹太教的规定，但随着时间的推移、经济环境的好转就可能找到其他工作。

学生就这样找到了出路。

改变思考的“时间距离”

用寻常的眼光来看，有些事情可能在一段时间内对我们不利，但是从长远来看，事情也许会呈现出另外一面。

我们应该有意识地培养自己看待事物的长远眼光。

事物目前的状况是这个样子的，那么一年后呢？情况还会如此吗？试着考虑一下，十年、二十年、五十年甚至一百年后会怎样呢？

从遥远的未来回顾现在的状况，对现状的认知也许就会发生改变。

工作中难免存在麻烦事，但是一个月后就会解决吧；关系不好的上司让人为难，但可能几年后工作就会调动了；

任职的公司也可能在几年后被并购，消失得无影无踪。所以，不要执着于眼前，多设想一下自己未来要怎么办吧。

时代在不断变化，常识和社会结构也会随之改变。

现状不会永远持续下去，仅仅认识到这一点，对现状的认识就会发生改变，人才能够以更加灵活的方式思考现在应该做什么。

从“现在”中解放自己

举个例子，一个日本女生在美国一所高中留学，由于在学校没有亲近的朋友，女生感到很孤单。她为不能很好地处理人际关系的现状而苦恼，整天想着回到有很多好朋友的日本。

这个女高中生就好比一个被放进筒子里的人。如果人被放进狭小细长的筒子里的话，无论朝向哪里都会碰到筒壁，都会被狭小的空间所禁锢。女高中生在美国高中这个狭小的“筒子”里，只会不断地撞到四周的围墙，被困其中，苦苦挣扎。

这时，如果改变一下眼光和心态，就能看到不同的风景。

以长远的眼光来看，高中生活总有结束的一天，围困住自己的狭窄的筒子终有被拆除的一天。如果能这样想，就能抬起头，注意到筒口之上延展着的无垠蓝天。

若能想象到那样的状态，即便如今仍被困于筒子之中，也不会苦苦挣扎了。

人会在无意之中被各种各样的事物所禁锢、围困和束缚，但仔细想来，其实很多条框和界限都是自己给自己施加的。

为了把自己从束缚和禁锢中解放出来，找出无限的可能性，一个行之有效的办法是用长远的视角来认识事物。

这个世界看起来风云变幻，实际上却像旋转木马一样，同样的事情一直在循环往复。

犹太教有这样的教义："繁荣过后萧条会席卷而来。一切不会总是一帆风顺的。"

物极必反的道理在犹太典籍中也有出现。

犹太人能跳出"现在"，从长远的视角看问题，可能也与这样的教义有关。

具备长远的目光

犹太人把数字"7"视作一个阶段的标志。这种想法来源于犹太典籍中，神用 6 天创造天地万物，在第 7 天休养生息的故事。

在人类历史上，首次以 7 天为周期，工作 6 天、休息 1 天的也是犹太人。农田也是连续 6 年耕种后，第 7 年要停止耕种，以防止土壤退化。经济变化也是以 7 年为周期。犹太人预测，丰收和饥荒以 7 年为周期发生，经济繁荣和萧条也是以 7 年为周期更迭。

这并不是说，状况糟糕的时候也不必担心，只要忍耐到一定时间，春天就自然会到来。犹太人不会这样考虑问题。如果陷入艰难的处境，就一定要想出从困境中摆脱出来的方案。

以 7 年为周期来把握世界的动向，犹太人强调的是一种能预先察知即将到来的萧条和困境，并能以万全之策来克服的智慧。

犹太人教导孩子：行事不要只看一时。面对好的状况就沾沾自喜，怠于准备；面对坏的状况就摇头叹息，不努力寻求出路——这样的人没有春天。

犹太人能够克服重重考验，创造一个又一个商业传奇，正是因为他们善于跳出“当下”，从长远的视角来把握事物，快速应对世界的变化。

对于我们来说，重要的不是像犹太人一样视“7”为万物周期，而是学会从整体上把握事物的发展变化趋势，不被眼前一时的境况所困囿。要知道，事物永远处在变化之中，唯一不变的是变化本身。

关键在于，你能否了解变化的必然，永远在为变化做准备。

训练23　练习——两个小偷

一个人来到负责讲授典籍的犹太教神职人员的住处，拜托道："能教我《塔木德》(犹太教典籍之一）吗？"

神职人员道："这个很难学。"

来访者恳求道："不管怎样，教给我一些吧。"

神职人员说："好吧，我知道了。"

于是，他对来访者提出了下面的问题：一天，两个小偷从同一个烟囱中爬出，溜进了起居室。一个人脸上蹭上了煤灰，一片乌黑；另一个人脸上没有煤灰，十分白净。

问题：

哪个小偷会洗脸呢？

区分“认识”“事实”“真理”

这是犹太母亲在孩子们上小学时给他们讲的故事。

一个小偷的脸被煤灰弄脏了，另一个没被弄脏。在这种情况下，谁会洗脸呢？

故事里的来访者是这样回答的：“肯定是脸上有煤灰的人洗脸啊！”

可能有很多读者也是这么认为的。但是，故事中的神职人员却说：“那是错误的。”

来访者询问理由，神职人员只说了句：“事物有不同的维度。”

来访者想了一夜。第二天，他又去找神职人员。

“老师，我明白了。脸上没有煤灰的小偷会洗脸。”来访者接着说，“小偷看不到自己的脸，但可以看到对方的脸。”

脸没弄脏的小偷看到脸被弄脏的小偷，会觉得自己脸上可能也有煤灰，所以会洗脸。

也就是说，小偷会互相看对方的脸，以此来想象自己脸上的状况。

老师摇摇头：“这次你又错了。”老师解释道，“两个人从同一个烟囱里爬下来，一个人的脸弄脏了，另一个人的脸没被弄脏，这是不可能的。”

老师提醒，除了从两个小偷的层面，还可以从其他维度来思考这个问题。

在犹太人看来，问孩子这个问题，还有更深层的目的。

这则故事是为了让孩子学会区别“认识”“事实”和“真理”。三者因看待事物的维度不同而有所不同。

我们把脸弄脏了的小偷称作 A，脸没被弄脏的小偷称作 B。

小偷 A 看到了脸很干净的小偷 B，会觉得自己的脸也是干净的；小偷 B 看到小偷 A 的脸脏脏的，会觉得自己的脸也是脏脏的。

也就是说，小偷 A 的认识是“两人的脸都没脏”，小偷 B 的认识是“两人的脸都脏了”。

通过自己与对方的相关性来判断事物，我们称之为“二维的视点”。在二维的视点下，观察角度不同，获得的认识就不同——这种认识不一定与事实相符。

那么，从哪个维度来观察，才能正确认识“小偷 A 的脸脏了，小偷 B 的脸没脏”这一事实呢？

答案是，从小偷 A 和小偷 B 之外的视点进行观察，如同从观众席眺望舞台上的小偷 A 和小偷 B。我们把这个视点称之为“观众的视点”。

拥有“观众的视点”才能正确认识小偷 A 和小偷 B 谁的脸脏了、谁的脸没脏的事实。

到这里,是关于“认识和事实”的问题。接下来,进入“事实和真理”的问题。

若要看清“事实”究竟是不是“真理”,需要从更加“异维”的角度来观察。这也是神职人员最后指出的一点。

两个小偷从同一个烟囱中爬出来,却只有一个人的脸蹭上了煤灰,这是有“情节漏洞”的。这件事对于“观众”来说,看到这一幕,心中或许会产生疑问,脸上的神情也可能会不自然。

为了觉察“舞台”上进行的事情自然与否,观察“观众”的观众是必要的。

观众观察舞台,另外的观众观察观众。我们把“另外的观众”的视点称为“上帝的视点”。

这里的“上帝”,不是指犹太人的上帝或神明,而是一种超脱于“舞台上的表演者”和“观众”、审视一切存在的观察角度。

以“上帝的视点”来观察事物,我们就能察觉出与“认识”和“事实”不同的、“真理”存在的可能性。

犹太母亲一边给孩子讲这个故事，一边期待孩子能提出“原本这一问题的设定就很奇怪”的疑问。

觉察到真理的存在，了解“认识”“事实”和“真理”的不同，才是犹太母亲给孩子讲这个故事的最终目的。

拥有超越“观众视点”的“上帝视点”

日本人总是容易陷入二维视点而变得视野狭窄。他们按照自己的状况来认识事物，陷入一贯的思考模式，无法继续深入思考。

如果想让头脑更加灵活，认识到“观众的视点”和“上帝的视点”是极为重要的。

以两个小偷的故事为例，正确认识的第一步，就是从两个小偷互相观看对方的状态中摆脱出来，试着从观众席上观看小偷；再进一步，从“观众”的状态中摆脱出来，试着从“上帝”的角度去俯瞰全场。

回到本课开头部分提到的从树上掉落的苹果的故事。之前提过的第三方维度，就可以理解为此处的观众视点。

无论是思考“苹果为什么掉落”的英国人，还是看到苹果掉落感到生命无常的日本人，都是将自己置身于与苹果树一齐的“地面”，来观看苹果树的；而思考“苹果是不是也有被天空吸附上去的可能性”的犹太人，是从相反的视点来观看苹果树的。这是一种逆向的视点。

再以太阳东升西落的故事为例。古代的人们看到太阳从东方升起、西方落下，认为“太阳围着地球转动”，这是以站在地面上的“我”的视角来观察太阳的二维视点。按照这种视点，如果是从太阳的角度来观察地球，我们的认识又会变为“地球围着太阳转动”。如果要判断哪个是事实，就有必要对太阳和地球（舞台）从其他维度（观众席）进行观察。从观众席（太阳系之外的维度）来观察，才能认清地球围绕太阳转动的事实。

拥有“上帝视点”的重要性在于：它让我们超脱“认识”，接近“事实”，走向“真理”，从二维的视点造成的片面认识中解放出来，翱翔在自由思考的天空。

逆转角度产生灵活的思考

之前介绍过的口袋打印机之所以能够被开发出来，首要且关键的一步在于，把自己从“打印机就是放在办公室里的”这样的固有观念中解放出来。

打印机的基本功能是打印。办公室只是具有一定体积的打印机的常规摆放位置。在基本功能不变的前提下，改变头脑中长久以来存在的刻板印象，把打印机设计成便于携带的手掌大小。然后，只需要设计出便携式打印机在大的纸面上打印的程序就可以了。

无论是乍看之下无路可走的境地，还是似乎无法摆脱的穷途末路，在“上帝的视点”看来，这两者都可以自由地跨越。

接下来介绍的是，用逆向思考摆脱九死一生险境的犹太人的故事。

训练24　练习——士兵和护照

一部分犹太人生活在北非的埃塞俄比亚。19世纪80年代末，埃塞俄比亚的军事政权对犹太人实施抓捕，把他们关进了监狱。虽然没有实施杀害，却不提供食物给他们。犹太人濒临饿死的边缘。

在被捕的犹太人中，有一个犹太教的神职人员。他趁着狱卒疏忽之际逃了出去，藏身在一间农家小屋里，等到夜深的时候便朝国境线方向走去。一连好几日，都是在太阳升起之前躲藏好，到了深夜再在没有光亮的道路上前行。他终于逃到远离监狱的地方，坐上了一辆开往国境方向的巴士。

不料途中，巴士在检查站被拦下，两个手持机关枪的士兵冲了上来。他们大声叫嚷道："所有人立刻出示护照或身份证明，把身份证明拿在手里举过头顶！如果没有，就被视为可疑人员，直接射杀！"

这位神职人员在逃走时没有携带任何物品，当然也没有护照和身份证明。如果士兵盘问起来，那他可就危险了。不过幸运的是，他坐在巴士最后面的位置。在士兵盘查过来之前，还有两三分钟的时间。他绞尽脑汁拼命地思考，然后在士兵到来时果断采取了行动。

问题：

如果你是故事中的神职人员，会如何摆脱这个险境呢？

赌上性命的思路转换

这是我从那位神职人员那里听来的真实故事。

即便在这样穷途末路之时，犹太人也绝不会放弃。他们会飞速地转动脑筋，寻找生存下去的机会。

这位神职人员告诉我，他当时是这样做的：他站了起来，把后排乘客的护照一个一个地收集到了一起。大约收集了15份时，一个士兵走了过来。神职人员把一叠护照交给了从过道走来的士兵，笑着说道："长官，您辛苦了。这是包含我在内的后排乘客们的护照。"

士兵看了他一眼。他的样子就像一个十分愿意配合的良好市民。

士兵将一沓护照拿在手里，匆匆扫了一眼，就把它们还给了神职人员，点点头说"好吧"，然后下车离开了。

因为太过恐惧——据神职人员回忆——那一刻，他的心脏仿佛停止了跳动。

之后，他顺利地通过国境，历经一个月之久，终于由地中海乘船逃到了以色列。

在赌上了性命的、紧张的两三分钟内，他是如何产生逆转结局的想法的呢？

为了不使士兵发觉他没有携带护照的事实，他拼了命地思考怎样才能搪塞过去。他想到，自己的身份是可疑人员。如果收集多位乘客的护照给士兵看，自己就会由一个"可疑人员"转换为"配合者"，或许这样可以蒙蔽士兵的眼睛。因此，他主动承担了收集乘客护照并上交的"任务"。

恐怕连士兵也没有想到，一个可疑人员竟能做出如此胆大的事情。士兵轻信了神职人员的言语和行动，没有将护照和护照主人一一比对。

不得不说，这的确是他的运气。而这种运气，是他用灵活的思考和勇敢的冒险换来的。

无论事实如何，将关于事实不同的认识灌输给对方是极为容易的。由可疑人员变为配合者，思考问题的角度发生变化，所做出的行为也与之前不同，传递给别人的感觉也会发生变化。这正是将认识巧妙融入行动的大胆想法。

这种身份转换的想法正是从平时养成的、从不同维度观察事物的习惯中产生的。

转换视点，将人从绝境中解救了出来。

“敌人”真的是敌人吗?

人与人、企业与企业之间的关系，表面上一眼看去似乎是敌对的。如果转换视点，用“上帝的视点”来看，有时却有可能是同盟者。

举个简单的例子。有些商品，在全世界范围来看，认知度都是很低的。为了将其贩卖出去，与其竞争企业之间互相牵制，倒不如整个业界一起合作，做大整体市场。这样，既能提高商品的认知度，又能让各个企业共同获利。

这就是所谓的“双赢关系”。

将敌对关系转化为同盟关系，是从由对抗导致的僵化状态中摆脱出来的有力手段。以色列工科大学的犹太研究者开发出的新型抗癌药就是一个很好的示例。

长久以来，抗癌药大都是通过口服或者静脉注射的方式进入人体，专门瞄准癌细胞进行高效攻击的分子靶向药物。

抗癌药虽然只针对癌细胞进行攻击，但有时也会攻击到与癌细胞表现出相似性状的正常细胞，因此，它的副作用不可避免。为了减轻副作用，提高抗癌药直指癌细胞的精准度，就成为现代抗癌药物研究的主题。

这是大多数研究者选择的研究角度，而犹太人研究者的思路是相反的。

他们并未将癌细胞视为“敌人”，用抗癌药物进行攻击，而是把它们当作“朋友”，让癌细胞自己靠近抗癌药物。

癌细胞在人体内是靠强力吸收周围的营养素来进行自我繁殖的。犹太人就是利用这种吸收能力，使抗癌药和营养素一起被吸收进癌细胞内部。据说只需让纳米药物微粒潜入癌细胞，癌细胞就会变身为抗癌药物的制造工厂。癌细胞会因自己制造的抗癌药物而死亡。

这种新型疗法引起全世界的瞩目，并迅速获得了投资。

这也是转换思考角度，从而获得成功的真实案例。

之前说过，提高抗癌药物指向癌细胞的精准度是一直以来的考虑方法，但精准度的提高是有限的，执着于此是很难解决副作用的问题的。

为了寻求解决办法，转换视点来观察是必要的。

从“抗癌药和癌细胞是敌对的”这一认识中解放自己，试着用更加广阔的视野来观察。

犹太研究者将着眼点放在癌细胞通过吸收营养素进行自我繁殖的特征上。将癌细胞“拉拢”过来，使之成为抗癌药物的制造工厂，让癌细胞在自己内部制造自我毁灭者。这是一种令人赞叹的逆向思维。

如果你也面临相似的难题，不妨思考一下，有没有通过将“敌对”关系转为“同盟”关系来达到目的的方法呢？

尝试转换思考角度，是一种寻求解决办法的有效手段。也许仅凭一点微小的转换，就能使我们飞跃到之前绝对不会触碰到的领域，这正是转换视点带来的革新。

训练25　练习——走投无路的犹太人的妙计

在中世纪的欧洲，受到歧视的犹太人经常被领主随意找个理由冠以不实之罪，被判处死刑。

又有一个犹太人以“莫须有”的罪名被逮捕了。领主摇晃着手里的两个信封，对他说道：“你们犹太人不是非常聪明吗？这里有两个装着纸条的信封。一张纸条上写着‘无罪释放’，另一张上面写着‘死刑’。我就是要看看你如何创造奇迹。无论你选择哪一个，我都会按照纸条上写着的内容来严格执行。”

被捕的犹太人拼命地思考。他心想：“无论如何都要活下去。这个领主想判处我死刑，两张纸条上必定都写着‘死刑’。这样的话……”

犹太人做出判断后，想出了一个妙计。

问题：

如果你是这个犹太人，你会怎样摆脱现在的处境呢？

没有获胜希望就尝试改变“赛制”本身

如果两张纸条上都写着“死刑”的话，无论选择哪个都不会免于死刑。

那么，该怎么办呢？

这个犹太人拿起一个信封，看也不看，就飞快地将其揉成一团，塞进口中，咕咚一声吞了下去。然后，他对领主说：“领主大人，我选择的纸条上写的内容应该跟剩下的纸条上的内容相反。如果剩下的纸条上写着‘死刑’，那我选择的就是‘无罪释放’。领主大人，请您将剩下的那张纸条上的内容读出来吧！”

正如犹太人所判断的那样，两张纸条上写的都是“死刑”。无论选择哪个信封，他都难逃一死。

但是，通过上述办法，犹太人得以生存下来。

你也可以说，犹太人是聪明的、富有急智的。但是，这种聪明和急智正是从转换视点的思考习惯中得出来的。

从死亡的危机中将犹太人拯救出来的就是转换的视点。如果从表面来看，此时双方的实力和地位相差悬殊。一个是拥有生杀大权的领主，另一个是被迫拿性命做赌注的犹太平民。

但是，如果从其他维度来看待这种状况，就会发现处理方法不同，双方的处境就有可能产生逆转。

对于犹太人来说，无论选择哪个信封，剩下的那个信封都是“死刑”。不用“选择的信封”来决定结果，而是用“剩下的信封”来决定结果，这样的话，这个犹太人就可以反证自己无罪了。

“实力不如对手，就不与对手在同一个战场战斗”说的就是这个道理。

没有法律规定，人们必须遵照对手设定的规则来进行战斗。

如果对手设定的规则对自己不利，只需想办法转换成对自己有利的规则就好了。

拥有灵活的视点，一切皆有可能。

抛开规则和前提进行思考

如果习惯了某一规则，并在这一规则下接连取得成功，就会变得难以舍弃这一规则和前提。最终，连规则和前提已经发生改变还难以察觉，被毫无防备地卷入与新企业的激烈竞争中，导致企业停滞不前，员工身心俱疲。

能够把我们从业已习惯的规则和前提中解放出来的，是“其他维度的视点”。

再次以英特尔公司为例。

撤出内存事业，将企业重心移至 CPU 事业之后，英特尔公司接连发布了几款处理速度较快的芯片，奠定了在业界的稳固地位。在那个时代，人们热衷于提高计算机数据的处理速度。随着英特尔芯片处理速度的不断提高，英特尔的股价也不断上涨。

但问题也随之产生。芯片的运行速度越快，电力的消耗越快，发热量也不断提高。公司中的以色列开发团队很早就发现了这一问题，他们想将开发方向转到抑制电力消耗的芯片上来。可是英特尔公司的领导层却否定了这一方案。因为他们追求的目标只有一个，那就是拥有一秒钟快速处理能力的芯片和随之而来的股价上涨。

经过公司内部一轮又一轮的激烈讨论，最终决定销售能抑制电力消耗的新型芯片，结果十分畅销。英特尔公司的领导层无论如何都难以放弃“以芯片速度为主”的方针。而以色列的开发团队很早就将重心转向了节能芯片的开发上。

这里也存在着所处位置导致的视点差异。

领导层看到的是本公司的股价，而以色列的开发团队看到的是时代和消费者对于芯片的需求。结果是开发团队打破了业界用速度评价芯片价值的既有规则，树立了以节能来评估芯片性能的新规则。

如果还是像原来一样，以芯片的速度为评价标准，早晚有一天耗电量大的芯片会积压大量的库存，再也卖不出去。

从英特尔公司的事例可以看出，如果只以短浅的目光观察周围的事物，即使走错了方向也不会察觉到。

在事物发展顺利时，更有必要从其他角度来审视现状，问自己：保持现在的状况是否可以？维持现有路线还能完美地适应时代的需求吗？

Lesson 8

抓住人性的本质

训练26　问题

1911年，罗浮宫博物馆里达·芬奇的《蒙娜丽莎》画作突然消失无踪。原来，一个曾经以工作的名义进出于罗浮宫博物馆的男子，在闭馆日的前一天悄悄潜入博物馆，又在第二天馆内维修时趁乱携画潜逃。两年后，这个男子在出售《蒙娜丽莎》时被发现，因而被逮捕。

这是一起震惊世界的盗窃案。但实际上，在博物馆中还发生了一件比盗窃案更加不可思议的事。

在《蒙娜丽莎》被盗的两年内，虽然馆内没有这幅世界名画可供展出，但入场人数相比之前却增长了好几倍。

你认为产生这种现象的原因是什么？

人被什么所驱动

《蒙娜丽莎》盗窃案被称为20世纪最大的美术品盗窃案。很多人都知道这一事件,但不可思议的是,来失去了《蒙娜丽莎》的博物馆参观的人数却成倍增长。人们蜂拥而至，目不转睛地观察着空空如也的墙壁。

这些人是为了参观博物馆而来，还是为了探查《蒙娜丽莎》被盗的真相呢？我们无从得知。但人们被失去画作的空荡荡的墙壁吸引目光，将博物馆挤得水泄不通也是不争的事实。

毫不意外地，热爱讨论的犹太人在聚餐时提及这件事。一个犹太人这样嘲讽道："如此看来,《蒙娜丽莎》没有必要在罗浮宫里展出嘛。撤掉以后，博物馆的收入反而增加了啊！"

《蒙娜丽莎》的价值究竟是什么？这是个值得思考的问题。

类似的事情在我们身边也发生着。例如，日本京都上贺茂神社门前的点心"烤年糕"，每天上午几乎就卖完了，下午大都停止营业。正因为如此稀缺，人们才会煞费苦心地排队去买。“稀缺”提高了点心的价值。人们怀着“无论如何都要买到手”的渴望，一大早就开始排队。

点心有着较高的知名度，但每日提供的数量较少，且不在他处贩卖，只能在上贺茂神社门前买到。诸多原因，使其作为颇有诚意的伴手礼而大受欢迎。

这一现象与罗浮宫博物馆的现象如出一辙。随时能观赏（买）到的物品难以让消费者感受到其价值，十分稀缺的物品却能激起人们的兴趣及渴望。

《蒙娜丽莎》的突然消失提高了其稀缺价值。这就是为什么空荡荡的墙壁前聚集了许多人的原因吧。

商学院里学不到的商学精要

由《蒙娜丽莎》的失窃事件思索出商品的稀缺价值，犹太人就在日常生活中进行着这样的讨论。

或许多数人认为，在商学院学习商业理论和营销手段才是走向成功的近路。但是我认为，犹太人这种日常讨论才更接近市场的本质。

无论做任何生意，销售对象都是人，因此，对人性的深入理解才是销售过程中起决定性作用的因素。人们为什么会采取那样的行动？为什么会为那些商品和那样的服务埋单？对这些问题的思考才是进行商业活动时必要的思考。

以在美国销售化妆品为例。

面对肤色和文化都与我们截然不同的人群，该如何将化妆品卖出去呢？即便将在日本卖得最好的化妆品带来，估计也很难达到在日本时的销量。因为归根结底，日本人认为的“美”和美国人认为的“美”是有很大区别的。

如果能提供人们渴望的、即使付出金钱也想得到的东西，就能卖得很好；反之，则卖不出去。在商业活动中，了解对方心理，熟知对方的价值观和文化背景是很重要的。

擅长搭建“结构”的犹太人

你知道吗？金融、保险、好莱坞电影、信息、通信、百货店、服装、化妆品、珠宝饰品等构成现代社会产业基石的诸多行业，都是由犹太人建构的。

举例来说，罗特席尔德、戴尔、英特尔、梅西百货、希尔斯、拉尔夫·劳伦、卡尔文·克莱恩、雅诗兰黛、戴比尔斯、好莱坞电影……几乎都是由犹太系金融资本打造的。

为何犹太人能在如此广泛的商业领域中取得成功呢？我认为，最主要的原因就在于犹太人对于人性的理解。

对人性的理解程度决定着犹太人的商业敏感度。每天学习和研读典籍的犹太人不断地理解和把握着人性。很多犹太教典籍中的故事都展现了赤裸裸的人性。

典籍中论及的人的本质，在四千年后的今天，也丝毫没有失色。无论科技如何进步，社会构造如何改变，人的本质都不会改变。

犹太人认为，在商学院中学到的理论和技巧会在今后的二三十年内得到运用，但从典籍中学到的人的本质，却能在未来甚至是四千年后的未来给予我们启示。

那么，犹太人是如何利用犹太典籍来学习人性的呢？我们来看下面的练习。

训练 27　练习——成为犹太人的条件

典籍中记载，先知摩西带领犹太人逃出埃及，朝着迦南方向前进。在旷野中流浪的时候，进行了人口调查。在计算人口时，把支付半新锡克尔（新锡克尔是以色列的通用货币）的人算作一人。据说，募集到的新锡克尔，成为日后在迦南建设神殿的经济来源。

问题：

为什么在人口调查时，人们会响应募捐的号召呢？阐述一下你的想法。

抓住人们行动“要害”的能力

对于在人口调查时，摩西向每个人征收半新锡克尔这一记载，犹太人产生了很多疑问。

为什么计算人口时要让大家捐款呢？

如果拒绝捐款，就不能被认可为犹太人吗？

为什么是半新锡克尔，而不是其他数额？

募集金钱的本来目的何在？

对此，学者们进行了常年的讨论。

一种观点认为，募集资金是为了强调“犹太人是一个整体”这一观念。古代的犹太人从逃离埃及到移居迦南，中间长达四十年是在旷野中流浪的。在这种状况下，秩序的混乱可能会给犹太人的生存招致危机。为了让大家认识到自己是集体中的一员，摩西才让每个人都上缴了半新锡克尔。这一数额是每个人都能负担得起的。

另一种观点认为，让每个人都捐出半新锡克尔，意在教育人们，要抛弃以自我为中心的观念。相比个人利益，要更加重视集体利益和公共利益。

据说，也有拒绝捐款的犹太人。

为什么要被视作犹太人，就非捐款不可呢？有这样考虑的人也不足为奇吧。

而拒绝捐款的人未被认可为犹太人，被从集体中驱逐了出去。

从结果来看，摩西募集到了足以建设神殿的资金。

捐款的人一定是希望被认可为集体成员的、有归属意愿的人。另外，摩西之所以能募集到资金，“不想被认为是连半新锡克尔都不愿意出的小气鬼”这种心理可能也起了作用。

而这种“希望留下名字”的心理至今也没有改变。

安置在犹太教堂的施舍箱并不像日本神社和寺院的功德箱那样放在外面，而是放在建筑物内部，仅令信徒知晓。这样仿佛也在暗示：如果希望被认可为集体的一员，就请捐赠些钱财吧。

施舍钱财来帮助弱者，一直受到这样教育的犹太人对这点是表示理解的。在严肃的祈祷进行之时，人们会排队向施舍箱内投入钱财。“我正在捐款哦”这样的话虽未说出口，但钱币掉落时发出的叮叮当当的声响，却代替人们说出了心里的一切。

探求隐藏在言行背后的心理

对于犹太人来说，犹太教典籍如同一本本“人性的教科书”。由于文化的差异，可能我们平时很少会阅读犹太教典籍。这时候，不必拘泥于这些书，观察你的周围，一定也存在这样“活生生的”教科书。你的家人、朋友、同事、上司……你认识的所有人，都可以成为学习的对象。观察这些人，思考他们为何会采取那样的行动，行为的背后隐藏着何种心理。这样追根究底地思考，你就会逐渐领悟人性的本质。

例如，试着思考一下：人们为什么会追求路易·威登、香奈儿等品牌包，百达翡丽、劳力士等瑞士制造的高档手表，卡地亚的项链和戒指等奢侈品呢？

仅从实用性角度考虑的话，其他物美价廉的商品比比皆是。面对拥有相似品质和性能的商品，人们有时追求低廉的价格，有时又会慷慨地支付较之前者几十倍、几百倍的金额。

为什么会出现这种现象？人们究竟是在为什么埋单呢？

钻石的原石不过是块半透明的石头。经过犹太人经营的安特卫普专门工房的削割和研磨，原石就变成了相比之前价值上万倍的宝石。石头本身明明没有这么高的价值，但人们为什么还要高价购买切割后的钻石呢？

从这里可以看出，抓住了人性本质的商业行为的共通之处。

那究竟是什么呢？请你思考一下。

日本企业提供的商品中，是否存在“同等品质、百倍价格”的东西呢？

日本企业同样致力于商品品类的齐全。以汽车为例，从大众车到高级车，样样都有。

但是，与此不同，抓住人性本质的商业行为究竟是什么呢？

人一旦陷入某种“固定的思维”，对“价值的合理性”就会完全失去判断。

那种“固定的思维”是什么？怎样才能让人产生那种“思维”呢？

下面的事例也许会给你一些启示。

在犹太典籍中，摩西是怎样说服法老的呢？是什么成为犹太人离开埃及的决定性因素？

犹太人在一生中会将典籍熟读百遍以上，这个问题他们可以立刻回答出来。

而我们即便不能立即想出答案，也请务必试着思考一下。

不仅仅局限于这里所举的事例，对于日常生活中所见到的人们的各种行为，如果经常问“为什么”的话，就能慢慢理解人们采取那种行为背后的心理。

在探知人的心理时，运用第 7 课中讲过的“其他维度的视点”是非常有效的。在推测他人的心理时，站在对方的角度看问题是很有必要的。同时，如果想客观地把握自己的心理，就要跳出自我的视角，从“观众”和“上帝”的视角来审视自己。

如果想知晓与自己立场不同的对手的心理，用自己平时所处的角度来观察对手是很难抓住其本质的。应该首先消除阻碍双方相互理解的心理隔阂，试着用全新的眼光来观察对手。这样的视角转换是非常重要的。

例如，施舍钱财的人和被施舍的人，二者的关系被普遍视为强者和弱者的关系。

在犹太民族，向弱者施舍被认为是信仰上的义务。对人施舍钱财时应考虑的事情和详细的施舍方法，都在典籍中有所说明。

犹太典籍中遍布着基于深刻的人性洞察的行为指南。例如，向人施舍钱财时，不要只给缺钱的当事人，而是要分配给在场的所有人。

从别人那里接受钱财，例如犹太人的结婚典礼，是不在接待处收取礼金的。施舍箱放在婚宴会场的一角，没有人监管。

这是什么原因呢？

为什么必须给不缺钱的人分配钱财呢？——有这样想法的人，恐怕还停留在施舍方的立场吧。

施舍方以为“做了善事”，十分骄傲，会有一种帮助了别人的优越感。

但被施舍的人会有怎样的感受呢？在感激的同时，更会感受到自己境遇的悲惨，不是吗？在众人面前接受施舍，自尊心更加受伤。这种心情，是施舍方难以想象的。

礼金的收取也是基于同样的考虑。这样做是为了不令贫穷的人和忘带礼金的人感到羞耻。因此，不强制收取礼金是犹太教的教义。

犹太典籍中建议，将钱财分配给在场所有人，也是为了不令被施舍者感到悲惨。

如果把钱财给特定的某人，建议不要采取施舍的方式，而是采取“借贷”的形式。因为借贷的关系是平等的，在不令借款方感到悲惨的前提下，问题也得到解决。

同时，不要催促对方还钱，在对方有能力还款的时候再收款。

犹太教教义的根本原则是不让人感受到被施舍的悲惨。因此，“施舍要默默地进行”成为犹太教的铁律。

正如强者有尊严一样，弱者也有尊严。但是，强者很容易在不知不觉中无情地践踏着弱者的尊严。

犹太教典籍彻底地站在弱者一方，是因为犹太人曾经是奴隶。提醒人们关注弱者的心情和立场，也算是犹太教典籍对犹太人的规诫吧。

但实际上，理解与自己立场不同的对手的心情和心理是那样地困难。

“对方一定是这样想的”，这样的想法可能只是你的执念，此时最好怀疑一下自己。

如果能对自己的视点产生怀疑并从其他维度来审视的话，就能看到事物不同的一面。

这也会成为用“对方视点”“观众视点”和“上帝视点”来观察事物的有效训练。

如果能自由地运用不同视点，就能更加了解人的行为背后隐藏的心理。

训练28　练习——两个乞丐

中世纪的某一天，两个犹太人来到了法国。那时的法国人普遍信奉基督教。两个犹太人为了生存下去，决定在路边乞讨。怎样才能大量地获得钱财呢？两人想出了一个办法，由此顺利达成了目标。

问题：

你能想到他们用了什么办法吗？

着手“心理战”

如何才能制造出许多人在两个乞丐面前驻足，并叮叮当当地扔下钱币的场面呢？

如果他们只是并排地蹲在街边乞讨，收到的钱只能解决当日的温饱。如果想快速地获得大量的钱财，重点是揣度人们的心理，思考如何才能让人做出犹太人期待的举动。

这是一则名为“乞丐的赚钱法则”的犹太故事。

他们的“作战”方法是这样的：两人并排在路边乞讨。一个人将犹太教的象征——大卫之星摆放在面前，另一个人将基督教的象征——十字架摆放在面前的一块布上。

由于当时法国的基督教徒占绝大多数，所以摆放十字架的一方获得了大量钱币。他积攒了一部分钱币后，就偷偷地把那些钱币转移给摆放大卫之星的犹太人。

两个人故意制造出“大卫之星”一方硬币成山、“十字架”一方一无所有的假象。

一位偶然路过的基督教神父看到了这样的情形，说道：“这位基督教的乞丐太可怜了。身为基督教神父，我会把钱都捐给你，不会让你输给犹太人的。”说完，神父将一大把钱币放到了摆放着十字架的布上。

就这样反复了几日，两个犹太人赚到了做生意的本钱。

在基督教徒占绝大多数的地方，他们是不会容忍只有犹太教的乞丐获得钱币的。

冷静地揣度人们的心理，让他们心甘情愿地捐出钱币，两个犹太人打了一个漂亮的胜仗。

着眼人的行为“动机”

日本商人一直怀着这样的理念：将好的产品以低成本制造出来就会畅销，以认真的态度制造好的产品才是企业努力的正确方向。对于一直这样考虑的日本人来说，两个犹太人挣钱的方式令人难以接受。

还有一些人会对“轻松”的赚钱方式产生罪恶感，认为这样“不公平”和“肮脏”。

有这样感受的人估计是将“利用他人的心理”的赚钱方法和“欺骗他人”的赚钱方法混为一谈了。

你呢？你有没有以偏概全地认为两者都是“狡猾的”“肮脏的”，是令人厌恶的手段？

实际上，依靠“欺骗别人”来赚钱的生意在犹太民族也是被坚决禁止的。

卖水果时，不可以将篮子上层摆满新鲜的水果，而在下层塞满不新鲜的水果；卖布时，不可以在卷尺的刻度上做手脚；卖秤时，不能把秤按照自己的意愿调整。这些都是写在犹太典籍中的教义。这样的行为是损害对方利益的不正当行为，这与犹太人巧妙利用人的心理的做法完全不同。

对“轻松”的赚钱方式产生罪恶感的人，你是不是忽视了“轻松”或者说“高效”地赚钱，需要充分动脑、绞尽脑汁这个前提呢？

从两个乞丐的故事中可以得知，如果想高效地赚钱，就必须要观察人的行为，揣摩人的心理，设计出让人不得不采取行动的情境。要知道，能对人产生驱动的情境来自我们自己的创造和设计。

这与不假思索、墨守成规、在竞争激烈的市场中盲目行动的人是不同的。

创造“结构”思考法

说到能对人产生驱动的情境，你可能会将之设想得极为复杂。但实际上，不必考虑得那样复杂。

以税率的设定为例。或许，大多数人都希望尽量不要缴纳税金。那么，要如何设置税率，才能既让纳税人接受，又能增加全社会的税收呢？

这一问题，在犹太民族内也经常被探讨。

向贫困的人捐款被视为犹太人的一种义务。犹太人将捐款的标准定为收入的10%。如果换作日本人，可能会想，应该采取累进制税率并将最高税率提高至50%左右，从富裕阶层征收更多的税款。

然而犹太人不会这样考虑。

假设采取累进制税率，对富裕阶层课以 50% 的税金，有人可能会认为，即使这样，与一般平民相比，富裕阶层还是会剩余大量的金钱，这样不是很好吗？但在富裕阶层看来，被榨取 50% 的税金是严苛的条款，他们可能会考虑将收入转嫁到别处，或者通过抑制收入来减少赋税。这样的话，最终从富裕阶层收取的税金就会减少，也很难造福于全社会了。

基于这样的考虑，只征收收入的 10%，这是大多数人都能够承担的捐赠金额。如果富裕阶层希望进一步提高捐赠额度的话，全体社会的捐赠金额也会增长。

可以说，这是一个充分研究了人类心理的、可持续的捐赠体系。

无论是犹太人创造的金融业，还是钻石、黄金等矿业，都始于“如何对人产生驱动”的想法。

他们以此为起点，建立起自身独特的结构，创造不被卷入竞争的经营环境，同时将技术核心保密化，使其持续产出巨大的效益。

最近，在互联网行业中也诞生了新的结构。网络电话、谷歌、脸书、硐堡箱、印象笔记等企业成功实现了用免费的服务吸引用户，以广告收入赢利的商业模式。“免费的同时该如何赢利”，这种乍一看自相矛盾的商业模式正带动着今后信息通信领域的发展，难道不是吗？

而犹太人的这种商业模式，英国在很久之前就采用过了。

例如，不列颠博物馆的主场馆可以免费入场，因而经常十分拥挤。一旦免费入场后，就会发现花钱的地方比比皆是。在离开不列颠博物馆时，人们一定或多或少花了一些钱。

这正是巧妙地利用了人们“好不容易来一趟”“不知道下次什么时候能来”的心理。

无论什么样的创收方式，利用这个方式来赚钱的都是人。了解人的本质的人们，他们既创造了过去的商业模式，今后也会创造出新的商业模式来赚更多的钱。

充分了解人性以后，你也可以思考出自己的创收模式。不是加入别人建立的结构，而是创建出一个新的结构。

从人们的行为探知背后的心理，思考能对人产生驱动的情境，这样做的话，或许就能创造出改变世界的新结构。

Lesson 9

掌握事物背后隐藏的哲学

训练29　问题

日本正在受到反捕鲸人士的猛烈抨击。面对人们的批判，日本应该如何反驳呢？

A. 反对捕鲸的国家不也曾捕过鲸吗？

B. 反对捕鲸的国家也捕杀袋鼠和驯鹿用来吃肉，这与捕鲸有何区别？

C. 捕获的鲸鱼是没有灭绝危险的品种，因此从环境保护的观点来看没有问题。

D. 食用鲸鱼肉是日本的饮食文化，因此捕鲸是必要的。

E. 反对捕鲸的国家妄图把他们的价值观强加在他国身上，这样会给他国带来困扰。

F.以上都不是。

如果是你，你该如何反驳呢?

你的主张是否偏离了主题

在与其他国家的讨论中，日本常和别国的论点存在分歧。捕鲸问题就是其中之一。

日本在南极海域进行的捕鲸行为受到环境保护团体——海洋守护协会的强烈反对，并以违反国际捕鲸取缔条约的名义，被澳大利亚诉讼至国际法庭，日本败诉，反对捕鲸的包围网越缩越小。

“为什么如此强烈地反对呢？”持有这样疑问的日本人也很多吧。由于不清楚被批判的原因是什么，日本的主张经常抓不到要害。

举几种网络上常见的日本人反驳的理由：

“吃鲸鱼和海豚，跟吃牛和羊有何区别？”

“虽说鲸鱼和海豚是观赏用的，不能食用，但有的国家不是还吃狗肉吗？”

“捕杀袋鼠和驯鹿用来吃肉的国家该如何评价呢？”

再次重复一遍，这些反驳完全偏离了主题。

在西方诸国看来，这些都是“低于小学生水平的反驳”。就好比一个因超速被逮捕的人在抗议：“行驶在我前面的车不是开得更快？为什么只抓我呢？”警察一定不会因为这样的反驳而打消开罚单的主意。

“因为其他人也在做着同样的事情”，用这样的理由来主张自己行为的正当性，是完全无效的。

反驳的时候，最重要的一点是弄清楚问题真正的论点是什么。

关于捕鲸问题，日本如果想跟西方各国进行势均力敌的讨论，就有必要知道他们为何反对捕鲸，了解这种行为背后隐藏着的哲学。如果不能了解背后隐藏着的哲学，就不能切中要害地反驳。

西方诸国之所以秉持反对捕鲸的态度，主要源自《希伯来圣经》中所传递的思想。

反捕鲸运动的出发点在于“不可以虐待动物”的动物优先思想。传说，天地被创造时，动物是先于人类诞生的。因此，动物应该比人类优先，这种观点是根本性的。

在犹太民族，人们能够食用的动物只有作为家畜的牛、山羊和绵羊，而且犹太教膳食法令对于屠宰的方法也有绝对的限制。用残忍的方法宰杀的家畜，哪怕只有一瞬间让家畜感到疼痛,也不可以吃。也就是说,人类以食用为目的,用残忍的方法杀害动物是被严格禁止的。

在其他宗教的教义中也有类似的规定。令家畜感到痛苦的枪杀、电死或淹死都被严令禁止。

当然，用鱼叉或长矛刺死动物也不可以。

这就是反捕鲸运动的文化基础，日本人必须首先了解这些。

日本人在捕鲸作业中，会用划艇追赶鲸鱼，并将鱼叉插入鲸鱼的后背。由于庞大的鲸鱼不会轻易死亡，因而会被鱼叉刺入多次，在挣扎中痛苦死去。人们关注的焦点不是捕获鲸鱼还是海豚，而是这种残忍的捕杀方式。捕鲸的残酷性才是这一问题的真正论点。

如果不能发现这一论点，就不能有效地反驳。

之前列举的A至E选项，全部偏离了论点。选项C的主张内容虽然是正确的，却不是真正的论点。

我们对这一问题进行探讨，并不是为了强调“捕鲸的行为是正确的”，而是以此为例，来分析如何抓住论点，进行有效的反驳。这一点请读者辨识。

探索自身价值观的启示

对于犹太人来说，他们有典籍教给他们的绝对正义，有讨论了数千年的坚不可摧的价值标准。

而对于现代大多数的日本人来说，他们没有绝对的价值标准。他们也有信仰，但没有“我只相信这个”“绝对不会让步”这样的坚定信条。

如果没有明确的信条，立场就不会明确。

相较于犹太人来说，没有坚定立场的人才更应该进行讨论。

正如我一直强调的那样，提出“为什么”并对此进行思考和讨论，才能更接近事物的根本价值。

既要思考真正的论点，发现事物背后隐藏的哲学，也要思考如何将讨论引向自己重视的价值观，这才是有效的讨论。

训练 30　练习——古代犹太人的离婚协议

据说，古代犹太人的离婚条件是这样定义的：“丈夫将写在纸上的离婚协议书递给妻子后，离婚成立。”

问题1

丈夫只需将写完离婚协议书的事实传达给妻子，离婚就能成立吗？丈夫就能对妻子宣称“从今天开始不再养你了”吗？

认清讨论的目的

仅仅告诉妻子“离婚协议书已经写完了”这一事实，并没有将协议书交给妻子。这种状态下，离婚成立吗？

“将离婚协议书递给妻子”才是离婚成立的条件。只传达离婚的意愿，口头表述离婚协议书写完了，离婚是不成立的。也就是说，在这个阶段，丈夫还有护养妻子的义务。

那么，换作下面的条件呢？请分别思考一下。

问题2

丈夫写下离婚协议书，只剪下文字部分递给了妻子。这种情况下，离婚成立吗？

只剪下文字部分递给妻子，这种情况虽然很难在现实生活中发生，但在犹太典籍中，仍旧进行着认真的讨论。

大多数意见认为，根据文字被剪下的方式，答案也会随之改变。如果被剪下的文字支离破碎，不能被有效识别，离婚就不成立。

问题 3

丈夫写下离婚协议书递向妻子，说道："这是离婚协议书，拿去吧。"但丈夫却抓住纸的一端不放手，妻子也向反方向拉扯。在这样的情况下，离婚何时成立？

在犹太典籍中，也有这样的主张："拿不到离婚协议书，是妻子不对。所以现在离婚是成立的。"

那么，令离婚成立的"递出离婚协议书"的状态具体是指何种状态呢？大多数人的意见是"丈夫的手从离婚协议书完全离开的瞬间，离婚成立"。

问题 4

离婚协议书的两端系有绳子。丈夫说："想要的话就拿去吧。"然后，丈夫将绳子的一端递给了妻子。两人从两侧拉扯绳子。在这样的情况下，离婚何时成立？

和问题 3 一样，要考虑“递出离婚协议书”的状态是怎样的状态。

典籍中大多数人认为：“丈夫那一端的绳子断开的瞬间，离婚成立。”

这些讨论究竟想要明确什么呢？想必你已经察觉到了，想要明确的是“离婚成立”的定义。

“离婚协议书递交到妻子手中，离婚才成立。”——为了明确这一定义，才会做出各种假设，讨论才会没完没了地进行。

那么，定义背后隐藏的哲学是什么呢？

如果能够证明离婚协议书已经在妻子手上了，妻子从第二天开始，就可以自由再婚；相反，如果妻子手上没有留下任何证据，即便声明自己“已经离婚了”，她也无法迈向人生的下一个舞台。

探讨这一定义的本质，也是在探讨保护女性的哲学。为了保护女性下一阶段的自由，才对离婚的成立状态进行各种角度的讨论。

如果不能理解这一目的，讨论就会迷失方向，变得抓不住要害。

有些日本人可能不理解，“犹太人经常说这些强词夺理的话，有什么意义啊！”这样想是错误的。

首先，对于犹太人来说，他们信奉绝对的哲学。为了实现这一哲学，他们对能够设想到的所有事态进行讨论。

犹太人从小时候起就被培养这种讨论能力，锻炼着思考事物背后隐藏的哲学的能力。因此，他们才能够瞬间抓住讨论的论点。

下面再介绍一个犹太典籍中的故事。

请你边阅读边思考这个故事背后隐藏的哲学。

训练31 练习——牛和驴（1）

犹太教有这样的教义："不能将牛和驴同时套在同一块夹板上耕地。"

问题：

为什么要这样规定？请说明你的理由。

思考背后隐藏的哲学

为什么不能将牛和驴套在同一块夹板上耕地呢？

在犹太民族，关于这一问题的讨论在没完没了地进行着。

有人还会提出这样的问题："如果牛和驴不可以的话，那老牛和小牛可以吗？腿长的牛和腿短的牛可以吗？眼睛看不见的驴和耳朵听不见的驴可以吗？"

换言之，牛和驴等力量不均等的动物被套在同一夹板上的话，即使令它们一起前进，步调也不会一致，因此不能顺利地耕作。不仅如此，两个动物都会感到疲惫。特别是对于身材和力量都弱小的一方来说，令其做难以做到的事，会让它感到痛苦。

于是，有人又提出这样的疑问："将牛和金鱼一起套在夹板上是否可以呢？"

对于这样异想天开的提问，日本人一定会感到困惑："啊？金鱼怎么可能离开水生存呢？"

但是，不能就这样停止思考，而是要试着思考：对方拿金鱼来举例，是想要说明什么呢？

牛和驴如果被套在同一夹板上，力气小的驴会被力气大的牛拖着走，驴就会感到痛苦。

"不能套在同一块夹板上"这条教义是基于保护弱者的考虑。

社会中既有力量强大的人，也有力量弱小的人；既有走得快的人，也有走得慢的人。为了使能力和体力存在差异的人共存，就必须考虑到弱者的能力，使之不受伤害。

那么，若是牛和金鱼被拴在同一夹板上会怎样呢？

牛可能会感到痛苦，而金鱼会死掉。

“这就是不能舍弃弱者的道理吧。”这样，你就得到了启发。

即便是基于事实发表的正确意见，如果不能影响到对手，或者导致讨论出现了分歧，我们就会认为，是论点发生了偏离。

一味地发表不能击中要害的主张，非但不能说服对手，还会被对手轻视。

只有认清论点是什么，并针对论点进行主张和反驳，才能展开对等的讨论。

如果想认清论点是什么，就要试着思考“对手的主张背后隐藏着什么哲学”。

任何主张背后都存在着根本观点和根本哲学。对手认为什么是最重要的，他的出发点是什么，这就是主张背后隐藏的哲学。

发现“真实的讯息”

对于身边发生的新闻和事件，也要试着思考其“背后隐藏的哲学”。这样会有效锻炼我们发现论点的能力。

以在全世界大受欢迎的迪士尼电影《冰雪奇缘》为例。哼唱主题曲 *Let It Go* 固然很好，如果尝试对“这个电影所传递的真正讯息”进行讨论会更有益。毕竟，好莱坞制造的电影里都藏有某种讯息。

如之前所说，好莱坞是犹太人缔造的重要产业，甚至可以说担负着“宣传机构”的角色。通过好莱坞电影，我们能够了解犹太人期望的未来。

好莱坞向全世界传递的讯息究竟是什么？隐藏在《冰雪奇缘》中的讯息又是什么？

在这里，请允许我斗胆解释一下其中的讯息。

电影中，最令犹太人感动的场面是妹妹安娜即使牺牲自己的性命，也要保护姐姐艾尔莎。安娜因变成艾尔莎挥舞的剑和盾牌，身体暂时冻结。在她苏醒之时，艾尔莎说：“You sacrifice for me.（你是为我牺牲的。）”

安娜回答说：“Because I love you.（因为我爱你。）”

这里的“love”与日本人一般认为的“爱”不同。宁愿牺牲自己也要保护姐姐周全，这才是姐妹间至亲至爱的表现形式。

我认为，这就是缔造好莱坞的犹太人向世界传达的讯息——歌颂兄弟姐妹之情的宝贵。

有得必有失，这正是犹太人的哲学。失去自己的生命，得到的是姐姐艾尔莎的生命。

这种手足间的至亲至爱才是犹太人所说的优先的爱（preferential love），它与博爱（universal love）是有区别的。

二者的区别就存在于姐姐艾尔莎教育未成年妹妹安娜的场景中。你能找到吗？

一切事物都承载着讯息，讯息的背后隐藏着哲学。

能否察觉出事物背后蕴藏的哲学，这与平时提出“为什么”并进行讨论的习惯紧密相关。

新闻也好，日常生活中各种各样的事件也罢，都不要止于表面的理解，要深刻地思考“其中承载的讯息”，这样，你就能触碰到隐藏在背后的哲学了。

训练32　练习——牛和驴（2）

“不能将牛和驴同时套在同一块夹板上耕地。”

前面说过，这一教义背后隐藏着的实际是保护弱者的哲学。因此，当走得快和走得慢的人一起走路时，走得快的人必须配合走得慢的人的速度。

不过，有人对此提出了反对意见："如果配合走得慢的驴的步调，劳动效率就会变低。还是应该配合有力气的牛的速度。"

问题：

站在保护弱者的立场，你应该如何反驳呢？

构建有价值观支撑的理论

如果配合驴的速度，劳动效率就会降低；相反，如果配合牛的速度，不断地耕作，就会培育出大量农作物。这样的话，对驴来说不是也很好吗？

这一反驳的理论看起来是否有似曾相识之感？

没错，这就是日本社会提倡的"强者理论"，也被称为"大企业最优先"政策。简单来说，只要大企业赢利，全体社会的薪金就会随之上涨。

对此，如果我们必须从"照顾弱者"的立场进行反驳，应该怎样做呢？

我认为，以理论去证明"照顾弱者"行为的正当性是反驳的关键。

例如，可以考虑下面的角度。

世界上有强者，也有弱者；有“百兽之王”狮子，也有弱小的老鼠。如果整个世界都去迎合强大的狮子，弱小的老鼠就会灭绝，食物链也会随之崩溃。一旦食物链受到了破坏，即便是顶端的狮子，也很难长久地生存下去。

因此，如果舍弃弱者，强者也不能长久生存。强弱共存的社会，才是和谐的社会，适宜生存的社会。不仅对弱者来说是这样，对于强者来说也是如此。

所以，犹太教教义告诫人们：当强者和弱者共同存在时，我们要照顾弱者。在犹太人看来，神在创造万物时就是不平等的。如果进一步思考，神为什么要创造强者和弱者，你就会想到，强者和弱者共存的社会不正是神所期望的社会吗？

正如书中反复提到的那样，犹太人一直不停地讨论，是为了更好地理解神的意志。因此，犹太人经过讨论得出了“照顾弱者”的明确立场。

如果被追问道：“为了照顾弱者导致国力衰退，经济停滞不前，该怎么办呢？”

犹太人估计会这样回答：“那又有什么关系？神并不希望见到一个弱者无法生存的社会。”

要想反驳态度明确、拥有坚定价值观的犹太人，只能使用更强有力、更坚定的理论。

使用理论正是为了贯彻价值观

遗憾的是，大多数日本人都没有基于信仰的、明确的价值标准。对于“何为正确”“何为错误”的判断经常仅凭感觉。

只有大企业赢利，中小企业被压榨，这样的社会是不正常的，多数人都会为此感到愤慨。

但一旦被反问，“为了照顾中小企业，导致生产效率降低，怎么办”“一味地保护弱者，能在世界竞争中取得胜利吗”，就会支支吾吾，回答不出来。

日本人总是不善于构建理论，来阐明自身立场的正当性。

构建理论最重要的一个步骤是，必须充分理解、坚定把握你所持的主张背后的价值观与哲学。在这个基础上，再进一步思考该如何构建理论，来解释说明这种价值观与哲学。

过去曾经有人就是以这样的方法成功地反驳了绝对的权威，这个人是英国的国王亨利八世。

因罗马教皇反对亨利八世离婚，亨利八世建立了将英国国王推选为教会首领的新制度，毅然决然地对抗罗马教皇的权威。

据说，为了建立把国王作为最高统治者的新的宗教体制，大批法学家和宗教学家对此进行了学术和思想上的论证。

你可能会想，为了强调主张的正当性有必要做到那种程度吗？

有必要。虽然亨利八世的做法不是谁都可以效仿的，但是“通过构建理论来强调主张的正当性”就是这么一回事。

不要指望别人能对你的想法心领神会。你认为正确的事情，别人未必这样认为。特别是面对价值观和文化背景与自己截然不同的人，更有必要努力用道理来说明自身行为的正当性。

训练33　练习——哪个是圣牛

犹太典籍中规定：“牛所生的第一头小牛是圣牛，是必须献给神的。”

问题：

如果一只黄鼠狼将即将出生的小牛用嘴叼了出来，放进其他怀孕的母牛体内。在这种情况下出生的小牛还是圣牛吗？

如何抽象化思考

在现实中，问题中所假设的事情不可能会发生。但是明知如此，犹太人依然对其进行认真的讨论。

可能很多人会对此提出异议：“讨论这样不合情理的事情有什么意义呢？”

不能这样说一句就结束了，我们应该思考的是，进行这样“不合情理”的讨论是为了说明什么。

这个问题的核心是：所谓“出生”，究竟指的是什么？

换言之，就是在人为干预下的“出生”是否被视为“神圣的出生”。

这个话题在现代的犹太社会依然是热点话题。在犹太民族，除了改信其他宗教的人之外，犹太母亲生出的孩子依然是犹太人。所以，对于现代犹太人来说，人工授精和代孕母亲已经不可避免地成为讨论话题。

“代孕母亲”引发了一个颇富争议的话题：是“犹太母亲的卵子”发育而成的孩子是犹太人，还是只要从“犹太母亲的腹中”出生的孩子就是犹太人，即便卵子来自异教徒也无所谓？

换言之，究竟应该把提供卵子的女性视为母亲，还是应该把生下孩子的女性视为母亲呢？

这就是从“哪个是圣牛”的练习中抽离出的问题。

犹太教典籍中的奇难问题几乎都包含着隐喻。如果只是按照字面意思回答，不仅不能领会问题的本质，有时甚至会得出相反的答案。

例如，在犹太典籍中有这样一句话：“在眼睛上加一个眼睛，在牙齿上加一个牙齿。”这是什么意思呢？

如果不了解“眼睛”和“牙齿”的比喻意义的话，或许会理解为“以眼还眼，以牙还牙”，也就是报复的意思。这是非常错误的理解。

在这里，前面的“眼睛”指受到的伤害，后面的“眼睛”指对此伤害赔偿的额度；前面的“牙齿”指受到的别的伤害，后面的“牙齿”指与伤害相抵的赔偿额度。

这句话的意思是：按照伤害程度进行相应的金钱赔偿。这是犹太教的法律。

“哪个是圣牛”这个故事让我们明白：通过思考和讨论掌握的问题的本质和原理，会成为超越时代的普遍的价值基准。

探索事物的本质及原理

最后，我想再次强调一下“将一切事情作为讨论对象”的重要性。

怀疑常识，怀疑权威，甚至怀疑自己亲眼所见、亲身感受的东西，提出“为什么”；通过不受限制的自由讨论，我们才能逐渐看清事物的本质和原理。

讨论一切事物，让我们拥有勇气和智慧，讨论是为了更深刻地探索事物的本质和原理。

例如，为了更深刻地理解“正义”，可以试着对“何为正义”进行彻底的讨论。

在纽约的曼哈顿有一个哈佛俱乐部，在那里定期举行讨论会，我也时常参加。讨论会上曾经提出过这样的问题：“己所不欲，勿施于人”被视为绝对真理和法则。就是说，如果我不想被刀刺伤，我也不能用刀刺伤别人。

针对这一法则，有人提出了这样的疑问：如果因为自己不想被伤害，所以不能伤害别人的话，那么，为了自卫而伤害他人也就不被允许了吗?

身为犹太教徒的我也提出了疑问：“如果自己不想做的事，也不要让别人做，那么自己想做的事情就可以让别人做吗？”

例如，自己希望在初次见面时将打招呼改为拥抱，就可以让对方也这样做吗？

再次回忆一下“古代犹太人的离婚协议”这则练习。

离婚成立的条件是什么呢？是只需传达离婚的意愿，还是把离婚协议以书面的形式交给妻子呢？

虽然现在已经进入了数字时代，人们逐渐减少了纸的使用，但典籍中讨论的“用什么证明离婚成立”的原理仍然起作用。

在这则练习中，纸的作用是“为纸张的所有者证明事实的有效性”。如今，实现这一功能的是用户名和密码——由原来的“纸质认证”发展成为通过使用只有自己知道的密码，来确认本人意愿的“电子认证”。

但如果用户名和密码被盗，用什么来证明是本人呢？解决办法是安全提问，用只有自己知道的事情进行回答确认。

如果安全提问也被破解，该怎么办呢？解决办法是即时验证，将验证码以短信的方式发送至本人的手机上，并在 1 分钟内输入验证码。

时代是在不断进步的。或许我们无法想象未来社会的科技进步程度，但是只要掌握了事物的本质和原理，就能以不变应万变。因为，只有本质性的东西，才不会随着时间而改变。

不局限于常识，不局限于自己所看到的东西，不局限于那个时代能够实现的事情，从所有的限制和束缚中解放自己，进行思考和讨论。

这样，你就一定可以找到打开未来之门的钥匙。

结语

为什么日本人创造不出“苹果”

如今的日本社会，人们已经习惯了盲目按照体制办事的氛围。

然而，在日本以外的世界，人们崇尚的是探寻属于自己的主张。人们通过有别于他人的主张，展现自我存在的意义。

我是我，是区别于他人的独立个体，这才是其他世界人们的常态。

在日本，也曾经出现过与苹果手机近乎一致的产品。那是夏普生产的一款名为 Zaurus 的触屏式电子记事本，其中装载的日程管理、通信簿、笔记等所有功能都是通过触屏的方式实现的。只需装载上通话功能，Zaurus 就与苹果手机一模一样了。这是苹果手机诞生之前的事情。

但不知什么原因，Zaurus 逐渐在市场中消失了，形成如今苹果手机独大的局面。

请你仔细思考一下其中的缘由。为何 Zaurus 会消失，而苹果手机却席卷了全世界呢?

难道不是因为开发者和企业过度解读了当时的评价和舆论吗?

当时，日本社会对 Zaurus 发出了许多声音，“这也不行”“那也不可以”“使用不方便”……开发者由于过分在意这些意见，而失去了继续前进的信心。

敢于谈论和讨论一切话题，这在日本社会是不存在的。我认为,正是这种自我限定导致了 Zaurus 没有变成“苹果”。

史蒂夫·乔布斯可完全不在意时下的社会氛围。他遥望着宇宙的那端，开发出了苹果手机。

日本是个易被时下环境所左右的民族，有一件事可以证明。

在某电视节目对佐村河内守进行专题报道后，他创作的曲子成为国民赞歌，许多人争相购买。但后来证实，那些曲子实为枪手代写。消息公开后,他的所有作品全部滞销，CD 也从店铺里下架。

人们是被曲子本身所感动，还是被作曲家的残疾人身份所感动呢？如果真的是被曲子本身所感动，那么无论是谁做的不都应该很畅销吗？

提出“日心说”的哥白尼，提出“进化论”的达尔文，提出“宇宙诞生于大爆炸且至今仍在膨胀”的霍金……他们都是不被时下环境所左右的人。

正是因为不被现有的观念和理论所束缚，他们才向常识发起挑战，从而改变了世界。

被时下的环境所左右就是惧怕权威，权威的发言代替了自我的思考。

被时下的环境所左右就是规避风险，过于保守就无法带来勇敢的创新。

被时下的环境所左右就是停滞不前，犹疑和胆怯来自无法对本质做出判断。

被时下的环境所左右就是少数人对多数人的盲从，真理不会因数量多寡而改变。

时下的环境即现状——且是自己所处的狭隘现状。

如果社会中充斥着被现状所左右的人们，那么社会就不会发展。

这个道理不言而喻。

石角完尔